# 発達心理学

保育者をめざす人へ

石井　正子　編著

赤津　純子
白坂　香弥
髙橋　晴子
田中　秀明
増田　梨花
森木　朋佳
吉村真理子
共著

樹村房
JUSONBO

は　じ　め　に

　本書に先だって2004年に出版された『教育心理学―保育者をめざす人へ』は，幸いにも多くの保育者養成校の先生方からご採用をいただきました。執筆者全員が実際に養成校の教壇に立ち，試行錯誤してきたことを生かせたことが，先生方のご支持をいただいた理由ではないかと思っております。

　「教育心理学」の好評を受け，「発達心理学」のテキストで姉妹編をつくれないだろうかという思いが芽生えたのは，実はもう3年以上前になります。早速準備を開始したわけですが，どうも前回のように順調に事が運ばず，いろいろな迷いや困難がありました。また，ここ数年の間に「保育」を意識して編集された発達心理学のテキストが数多く出版され，しかも，編者や著者は発達心理学に関する第一線の研究者であり，今さら同じようなコンセプトのテキストをつくることに意味があるのだろうかというような疑念も生じました。

　そこで，書名に「保育」を冠したテキストを実際に手にしてみると，それらの多くが，ある程度経験を積んだ保育者にとっては，状況をイメージしながら，共感できる，非常に興味深いものになっていると感じました。しかし，これからさまざまな知識を学習し，初めて子どもと向かい合う学生にとってどうかと考えてみると，もっと基本的な発達心理学の概念を学んでからでなければ，テキストに書かれた事例の面白さを理解するどころか，場面をイメージすることすら難しいのではないかと思われました。そして学生に対して「発達」について語るときには，保育現場での子どもの様子を例に挙げるよりも，むしろ，学生自身の子ども時代のことを取り上げて，その子ども時代が今の自分たちにつながっているということ，そして，未来の自分たちにつながっていくということを話す方が理解されやすいのではないかということが浮かび上がってきました。

　また，この間に，教育基本法・学校教育法の改正，幼稚園教育要領の改訂，保育所保育指針の改訂および告示化などが行われ，そこには自ずと現代社会に

おける発達観の変化が色濃く反映されており、できればそういった点も視野に入れていきたいと考えました。

　以上のような過程を経て、ようやく編集の方向が決まり、でき上がったのがこのテキストです。前著での基本方針は今回も踏襲し、保育者をめざす学生に対象をしぼり、学生にとって読みやすくわかりやすい内容にすること、学生が身近な子どもたちの姿や自分自身の発達過程を客観的に見ることを通して発達心理学の原理や理論を正しく理解できるようにすること、過去の発達心理学研究で得られたスタンダードで正確な知識を押さえながら、最新の研究成果の中で特に保育に関連する知見を積極的に取り入れることをめざしました。

　どうか、保育者をめざす学生のみなさんがこのテキストを通して「発達」に関する理解を深め、「発達の主体」としての自分自身と出会い、「子どもたちの発達」にかかわることの喜びを感じてくださいますように。

2009年2月

執筆者を代表して　石井　正子

[本書の執筆分担]

| | | | |
|---|---|---|---|
| 第1章 | 田中秀明・石井正子 | 第2章 | 森木朋佳 |
| 第3章 | 赤津純子 | 第4章 | 増田梨花 |
| 第5章 | 吉村真理子 | 第6章 | 高橋晴子 |
| 第7章 | 田中秀明・石井正子 | 第8章 | 白坂香弥 |
| 第9章 | 石井正子 | | |

※このテキストでは、発達心理学の重要語を「キーワード」として、それぞれの解説のある頁の脚注に示しました。参照頁（→ p.○）の入っているものは、巻末により詳しい解説や補足説明が載っています。知識の確認や整理に役立ててください。

# もくじ

はじめに

## 第1章　発達心理学への第一歩 …………………………………… 1
### 1．発達を見る目 ……………………………………………… 2
　　(1) 子どもが好き ………………………………………… 2
　　(2) 経験と知識 …………………………………………… 3
　　(3) 発達とは ……………………………………………… 4
　　(4) 子どもの発達 ………………………………………… 4
　　(5) 「発達」と「育ち」 ………………………………… 5
### 2．発達を支えるもの ………………………………………… 6
　　(1) 発達を規定するといわれてきた考え方 …………… 7
　　(2) 「遺伝」や「環境」が本当に発達を規定するのか … 10
　　(3) 遺伝と環境を超えるもの …………………………… 11
### 3．発達の考え方を支える理論 ……………………………… 12
　　(1) エリクソンの人格発達理論 ………………………… 12
　　(2) ピアジェの認知発達理論 …………………………… 15
　　(3) ヴィゴツキーの発達の最近接領域理論 …………… 18
　　(4) ブロンフェンブレンナーの生態学的アプローチ … 19
### 4．保育と発達 ………………………………………………… 20
　　(1) 「幼稚園教育要領」と「保育所保育指針」 ………… 20
　　(2) 保育における発達のとらえ方 ……………………… 22

## 第2章　胎児期から新生児期 ……………………………………… 27
### 1．命の誕生 …………………………………………………… 28
　　(1) 妊娠初期における母体の変化と胎児の成長 ……… 28
　　(2) 妊娠中期における母体の変化と胎児の成長 ……… 29
　　(3) 妊娠後期における母体の変化と胎児の成長 ……… 30

2．驚くべき1ヵ月（新生児期） ………………………………… 31
　　　(1) 新生児の身体的特徴 ……………………………………… 31
　　　(2) 新生児の能力 ……………………………………………… 33
　　　(3) 新生児の変化 ……………………………………………… 35
　3．母と子の出会い ………………………………………………… 37
　　　(1) 赤ちゃんが生まれるまで ………………………………… 37
　　　(2) 赤ちゃんとの生活 ………………………………………… 38
　4．胎児期から新生児期の問題 …………………………………… 41
　　　(1) 胎児期の気がかり ………………………………………… 41
　　　(2) 新生児期の気がかり ……………………………………… 41

## 第3章　乳児期 ……………………………………………………… 45
　1．有能な赤ちゃん ………………………………………………… 46
　　　(1) 乳児の知覚 ………………………………………………… 46
　　　(2) 乳児の知的活動 …………………………………………… 49
　2．身体と運動の発達 ……………………………………………… 52
　　　(1) 身体の発育 ………………………………………………… 52
　　　(2) 運動機能の発達 …………………………………………… 53
　3．愛着の発達 ……………………………………………………… 54
　　　(1) 愛着とは何か ……………………………………………… 54
　　　(2) 愛着行動の発達 …………………………………………… 56
　　　(3) 愛着の個人差 ……………………………………………… 57
　4．ことばの前のことば …………………………………………… 60
　　　(1) 前言語的コミュニケーション …………………………… 60
　　　(2) ことばを育てる人的環境 ………………………………… 63

## 第4章　幼児期前期（1歳3ヵ月〜3歳前半） ………………… 65
　1．ことばの獲得と展開 …………………………………………… 66
　　　(1) 話しことばの発達過程 …………………………………… 66
　　　(2) 初めてのことば（1歳頃） ……………………………… 67

(3) ことばの獲得（1歳〜2歳頃） ……………………………… 68
　　　(4) 文法の獲得と展開（2歳〜3歳） ……………………………… 70
　2．遊びの発達 ……………………………………………………………… 71
　　　(1) 遊びとは ………………………………………………………… 71
　　　(2) 遊びの種類と発達 ……………………………………………… 72
　　　(3) イメージと遊び ………………………………………………… 74
　3．第一次反抗期の開始 …………………………………………………… 75
　　　(1) 第一次反抗期とは ……………………………………………… 75
　　　(2) 第一次反抗期の特徴 …………………………………………… 76
　　　(3) 親の養育態度と人格形成 ……………………………………… 78
　4．自律としつけ …………………………………………………………… 79
　　　(1) 自立と自律 ……………………………………………………… 79
　　　(2) 歩行・食事・排泄の自立 ……………………………………… 80
　　　(3) 自己統制（セルフコントロール）の発達 …………………… 82
　　　(4) 欲求のコントロールとしつけ ………………………………… 83

# 第5章　幼児期後期（3歳後半〜就学まで） …………………………… 87
　1．好奇心の時代 …………………………………………………………… 88
　　　(1) 質問期 …………………………………………………………… 88
　　　(2) 幼児期の思考 …………………………………………………… 88
　　　(3) 基本的生活習慣 ………………………………………………… 91
　　　(4) 同一視による道徳性や性的役割の獲得 ……………………… 92
　2．広がる人間関係と遊び ………………………………………………… 94
　　　(1) 仲間との相互作用の重要性 …………………………………… 94
　　　(2) 遊びにおける人間関係 ………………………………………… 95
　3．安全基地としての保育者 ……………………………………………… 96
　　　(1) 幼児期に満たされるべき欲求 ………………………………… 96
　　　(2) 担任への愛着 …………………………………………………… 97
　　　(3) 保育者のかかわりの変化 ……………………………………… 98
　4．保育の中で気になる子どもたち ……………………………………… 100

　　　　　(1)　気になる子………………………………………………… 100
　　　　　(2)　友だちと遊べない子……………………………………… 100
　　　　　(3)　気になるくせ……………………………………………… 103

## 第6章　児童期……………………………………………………… 107
### 1．学びの時代……………………………………………………… 108
　　　　　(1)　知的機能の発達…………………………………………… 108
　　　　　(2)　学習への適応……………………………………………… 110
　　　　　(3)　生涯学習時代に必要なこと……………………………… 111
### 2．学校生活と人間関係…………………………………………… 112
　　　　　(1)　仲間関係の発達…………………………………………… 112
　　　　　(2)　社会的スキルの獲得……………………………………… 115
　　　　　(3)　学校生活への適応………………………………………… 116
### 3．自己認識の成立………………………………………………… 118
　　　　　(1)　自己認識の成立…………………………………………… 118
　　　　　(2)　自己信頼感の獲得………………………………………… 120
　　　　　(3)　原因帰属…………………………………………………… 121
### 4．現代における児童期の課題…………………………………… 123
　　　　　(1)　情報化社会の課題………………………………………… 123
　　　　　(2)　社会の変化がもたらすもの……………………………… 124
　　　　　(3)　遊びの変化がもたらすもの……………………………… 125

## 第7章　思春期から青年期………………………………………… 129
### 1．身体と心の変化………………………………………………… 130
　　　　　(1)　思春期と青年期…………………………………………… 130
　　　　　(2)　身体および性的発達……………………………………… 130
　　　　　(3)　思春期・青年期の心理的特徴…………………………… 131
　　　　　(4)　アイデンティティ（自我同一性）の確立……………… 133
### 2．対人関係の変化………………………………………………… 135
　　　　　(1)　親からの自立……………………………………………… 135

　　　　(2)　友人とのつながり ………………………………………… 138
　　　　(3)　異性への関心 …………………………………………… 140
　　3．保育者をめざす自分をふりかえる ………………………………… 141
　　　　(1)　進路選択と「保育者への思い」 ……………………… 141
　　　　(2)　保育者養成校で学ぶ理由 ……………………………… 145
　　　　(3)　職業人としての保育者 ………………………………… 146

## 第8章　生涯発達とライフサイクル ……………………………………… 151

　　1．ライフサイクルと大人になること ………………………………… 152
　　　　(1)　ライフサイクルと自立 ………………………………… 152
　　　　(2)　自己実現するとは ……………………………………… 152
　　2．職業選択と自立 ……………………………………………………… 154
　　　　(1)　働くことの意味 ………………………………………… 154
　　　　(2)　職業への適応 …………………………………………… 155
　　　　(3)　ストレスへの対応 ……………………………………… 157
　　3．家庭をつくる ………………………………………………………… 159
　　　　(1)　結婚の意義 ……………………………………………… 159
　　　　(2)　家庭生活を支え合う …………………………………… 159
　　　　(3)　変化する人間関係 ……………………………………… 160
　　4．親としての発達 ……………………………………………………… 162
　　　　(1)　親になるとは …………………………………………… 162
　　　　(2)　子育てする環境 ………………………………………… 163

## 第9章　さまざまな発達の障害 …………………………………………… 169

　　1．発達の障害 …………………………………………………………… 170
　　　　(1)　心身の障害とのかかわり ……………………………… 170
　　　　(2)　発達障害について ……………………………………… 170
　　2．発達のアセスメント ………………………………………………… 171
　　　　(1)　発達診断とアセスメント ……………………………… 171
　　　　(2)　保育現場におけるアセスメントと検査結果の活用 ……… 173

3．精神機能の発達障害……………………………………………… 175
　　　　　(1) 精神発達遅滞（知的障害）……………………………… 175
　　　　　(2) 広汎性発達障害（自閉症）……………………………… 177
　　　　　(3) 軽度発達障害…………………………………………… 179
　　　4．身体的障害………………………………………………………… 180
　　　　　(1) 肢体不自由……………………………………………… 180
　　　　　(2) 聴覚障害（難聴）………………………………………… 181
　　　　　(3) 視覚障害………………………………………………… 182
　　　5．ことばの障害……………………………………………………… 183
　　　　　(1) ことばの遅れ…………………………………………… 183
　　　　　(2) 発音の障害……………………………………………… 184
　　　　　(3) 吃音……………………………………………………… 184
　　　6．保育の中での障害児の発達……………………………………… 185
　　　　　(1) 統合保育………………………………………………… 185
　　　　　(2) 協力と連携……………………………………………… 186

用語解説 ………………………………………………………………………… 189
引用・参考文献 ………………………………………………………………… 199
さくいん ………………………………………………………………………… 207


▶コラム一覧

　　1：虐待事例から考える発達と環境…… 25
　　2：出生前診断…… 43
　　3：育児法の変化－乳母車（ベビーカー）の扱いから－…… 64
　　4：絵本ってすごいんです－ぐんぐん広がる絵本の世界－…… 85
　　5：保育所，幼稚園と小学校との壁…… 105
　　6：友だちの成功を素直に喜べるか？…… 128
　　7：思春期・青年期の「心の問題」と支援…… 149
　　8：DV…… 167
　　9：「こころの理論」と自閉症…… 187

# 第1章
# 発達心理学への第一歩

　保育について学ぶさまざまな学習の中で,発達心理学は,保育の対象を理解するための科目として位置づけられている。本章では,幼稚園教諭や保育士といった,いわゆる保育者をめざす学生は,なぜ発達心理学を学ばなければならないのか,また,「発達」とはどういったことを意味し,どのような事柄が学習目標として要求されているのか,保育および保育者と発達心理学についての関係や,発達の見方・考え方について学んでいくことにする。

## 1．発達を見る目

### （1） 子どもが好き

　保育者をめざす学生に，「子どもにかかわる仕事につきたいと考えた動機は何ですか？」と問えば，多種多様な答えが返ってくるだろう。しかし，おそらくほとんど全員，子どもが好きで，子どもと生活を共にし，子どもの心に寄り添う毎日に魅力を感じているということに異論はあるまい。では，「子どもが好き」というとき，心の中に描かれる「子ども」とはいったいどのような存在なのであろうか。

　「子どもが好き」という気持ちの根底には，通常「子どもは可愛い」という認識がある。つまり，多くの人は「子どもは可愛いから好き」なのである。

　ローレンツ（1943）は，ベビー図式という概念を用いて，子どもの視覚的特徴について説明した。彼によれば，以下のような特徴が多くの鳥類や，ほ乳動物の幼児期に共通に見られるという（図1-1）。

(1) 身体に比して大きな頭。
(2) 前に張り出した額をともなう高い上頭部。
(3) 顔の中央よりやや下に位置する大きな眼。
(4) 短くて太い四肢。
(5) 全体に丸みのある体型。
(6) やわらかい体表面。
(7) 丸みをもつ頬。

図1-1　ベビー図式
(Lorenz, 1943)

　そして，これらの動物では子どもがこのような特徴をもつゆえに，子どもに対しての攻撃行動が抑制されるという。幼児期の特徴が私たちに「可愛い」という感情を喚起し，養護反応を引き出すのである。そのように考えてみると，視覚的特徴にかぎらず，子どもの声，表情，しぐさ

■キーワード■　ローレンツ　ベビー図式

といったものも効果的に周囲の養護反応を引き出すということに思い当たる。子どもの笑顔は気持ちを和ませ，子どもが泣いていれば胸が痛む。

つまり，「子どもが可愛いから好きだ」と思う気持ちは，種を保存するために動物に備わった本能のひとつともいえる。保育者として子どもを育む役割を担うにあたって，こうした気持ちは非常に大切なものであるが，人間の子育てが本能のみに頼っては成立しないのと同様，「子どもが好き」という気持ちだけでは保育者として，よりよい発達の支援を考えていくことは困難である。

保育の専門職としての自信をもって子どもにかかわるためには，子どもを取りまく環境を広い視野からとらえ，子どもの行動の意味するところを的確に理解し，見通しをもって子どもの発達を支援する姿勢を身につけていかなければならない。「子どもが好き」という気持ちに加えて，「子どもの発達」に対する洞察力を身につけることが求められるのである。

## （2） 経験と知識

子どもについての理解を深めるためには，できるだけ実際に子どもにかかわる経験をもつことが望ましい。学校で知識を学ぶのと同時にさまざまな機会をとらえて，子どもに接し，遊んだり，面倒を見る経験を積むことが大切である。

子育て経験のある保護者を前にすると，自分の子どもを育てた経験のない保育者は，子どもの姿を正しくとらえているか否かという点で，つい自信を失いそうになる。確かに，わが子の誕生時からずっと子どもにかかわり続けてきた母親は，子どもの世話や対応に手慣れている。しかし，自分の子どもや子育てを基準にして他の子どもを理解しようとすると，一人ひとり異なる気質や個性，さらには子どもを取りまく環境の多様性といったものに気づきにくくなる危険もある。

つまり，保育者としての専門性を高める上で大切なことは，正しい知識を実際の子どもの姿に即して学ぶこと，そしてできるだけ多種多様な子どもたちに

■キーワード■　経験　知識

接する経験を積み視野を広げること，さらに，自分と子どもとのかかわりをふり返りながら知識と経験を結びつけ，適切な判断や対応を行うための力を蓄えることである。

## （3） 発達とは

「発達」ということばに，どのようなイメージをもつだろうか。人間以外に発達するものといえば，「文明」「科学」「技術」……，身近には「台風」などが思い浮かぶ。いずれも「発達」するにしたがって，発展し，進歩し，勢力を増すというような前向きの変化を生じる。人間においても，「発達期」といえば誕生から18歳ごろまでの心身の成長が著しい時期を指し，未熟な「子ども」が「大人」という完成形に向けて変化を遂げていく過程である，ととらえていた時代もあった。

しかし，近年，発達は「受精の瞬間から死に至るまでの心身の構造や機能の変化の過程」と定義される場合が多くなった。人間の発達に関するとらえ方が大きく変化してきた背景には，2つの理由が考えられる。1つは，社会制度や医療技術の進歩によって寿命が伸び，成人して後に熟達，あるいは獲得されるさまざまな能力の重要性に目が向けられるようになったこと。もう1つは，人間の発達を先に述べたような「増大」や「加速」，「統合」といった方向のみにとらえるのではなく，時には「減少」や「消失」，あるいは「混乱」といった一見後退ともとらえられる現象にも，積極的な意味があると考えられるようになったことである。

## （4） 子どもの発達

このように，人間は生涯を通じて発達し，変化し続ける存在であるが，特に幼児期の子どもの行動は半年違えばまったく異なり，乳児であればわずか1ヵ月違っただけでも大きな変化が認められる。したがって，各時期の標準的な発達の様相を知ることが子どもへの対応を考える上で役に立つことであることが

■キーワード■　発達　発達期→ p.195

理解できよう。しかしながら，この変化の過程は決して一様のものではなく，とくに幼少期であればあるほどその個人差は大きいことを考慮しなくてはならない。

　既述した定義にもあるように，現代の発達心理学における発達とは，青年期以降の，いわゆる下降・衰退を含んだ一生涯にわたる心身の変化を含んだ視点である。青年期以降に見られる下降・衰退していくことも新しい段階への展開であるといえるし，また，乳幼児期であっても2章で述べるような「原始反射」などは，消失しなければ次の段階に移行したとはいえないものもある。自分の下にきょうだいが生まれると退行現象（いわゆる赤ちゃん返り）が生じる例などは，変化が逆行する例といえる。保育者をめざす学生にとっては，その対象の多くが乳幼児期であるため，成長・成熟といった前向きの変化のみに目を向けてしまう傾向が強い。しかしながら，発達とはこうした側面だけではないことを理解しておきたい。

## （5）「発達」と「育ち」

　さて，保育および保育者の世界においては，既述してきた「発達」ということばに代わり「育ち」ということばを使うことも多い。それは「発達」がどちらかというと学問的で硬い表現であり，実際に毎日子どもとかかわり生活を共に過ごす保育者にとっては，子どもたちの変化をやや第三者的・客観的に，非日常的なイメージとしてとらえてしまう傾向が強くなることばであるからかもしれない。竹内（1993）はこうした「発達」と「育ち」のイメージの違いを表にまとめている（表1-1参照）。

　保育現場の中での「発達」は，子どもたちが何らかの能力や技能，知識などを身につけることによって，それまでできなかったことができるようになるというニュアンスが強い。すなわち，プラスの方向への直線的な発達である。そういった側面から考えると，「○○ができるようになる，わかるようになること」が発達援助としての保育であるととらえられやすい。したがって，保育者

■キーワード■　原始反射→p.191　退行現象　育ち

表1-1 「発達」と「育ち」の違い (1993, 竹内)

|  | 「発達」的視点 | 「育ち」的視点 |
| --- | --- | --- |
| ①語感 | 漢語的固さ<br>非日常性 | 和語的柔らかさ<br>日常性 |
| ②関係性 | 主体―客体の関係<br>対象の外在 | 主体―主体の関係<br>共在的関係 |
| ③時間性 | 始点と終点のあいだ<br>段階による区分<br>直線的流れ | 過程<br><br>淀みと突破 |
| ④契機＝ファクター | 能力 | 人間的自発性 |
| ⑤対概念―反対の状況 | 遅れ，退行 | 不安定，意志の疎通の悪さ，関係のおかしさ |

にとって目に映る子どもたちの外面的な行為がクローズアップされ，内面的部分の理解が軽視されてしまう。こうしたかかわりを避けるという意味でも，「発達」ではなく「育ち」ということばが用いられているのであろう。

また，保育の中での発達はただ単に「達成されるもの」ではなく，プロセス（過程）のことである。たとえば経験豊かなベテラン保育者などは，一見「気になる」子どもの行為なども自分自身を変化させるプロセスとしてとらえており，そのような日々の出来事の積み重ねを通して子どもの発達があることを体験的に理解している者も多い。また，日常の保育の中では，それらの行為をていねいに読み取ることで本人の「育ち」を共感的に理解しようとしているのである。したがって，こうした「発達」や「育ち」ということばは，自分自身の子ども観や保育観を形成する，または問い直す際に参考になると思われる。

## 2. 発達を支えるもの

私たちは一人ひとり異なった能力や性格をもっている。人間の発達の過程は，あらゆる生き物がそうであるように，共通の順序や，同じような過程を経る場合が多いが，一人ひとりが違っている点，つまり個人差も大きい。同じ年

■キーワード■　個人差

齢，同じ月齢であっても，身体的発育，運動能力，ことば，情緒，その他あらゆる面においてそれぞれ発達の様子は異なっている。

こうした一人ひとりの違いは，どのような理由で起こってくるのだろうか。

## （1） 発達を規定するといわれてきた考え方

これまでの発達心理学の説明の中では，発達の個人差を説明する理論として，次のような考え方が対比的に示されることが多かった。

### 1） 遺伝優位説

発達は，遺伝的にあらかじめ決められている成熟プログラムに従って一定の順序で起こるとする考え方。発達の基本的様態と順序は環境によって変わることはなく，成熟によって決まると考えている。「成熟優位説」とも呼ばれ，この説を主張した研究者としてはゲゼルが有名である。ある行動の獲得のためには，そのための内的準備状態（レディネス）が整っていることが重要であり，レディネスが整っていれば，外的働きかけの開始時期や練習量は結果的にそれほど大きな意味をもたないとする。

### 2） 環境優位説

目的に応じた環境を用意し，経験を与えることによって発達は操作できるという考え方。経験しだいで発達は大きく促進させることが可能であり，十分な環境を用意することで，人間の能力はいくらでも伸ばすことができるという立場をとる。「経験優位説」とも呼ばれ，この説を主張した研究者としてはワトソンが有名である。

ワトソン（1924）が話したとされる次のようなことばが，環境優位説をわかりやすく表している。「私に12人の健全な赤ん坊と，彼らを養育するための特別な環境とを与えてくれるならば，彼らを，その才能，特性，能力，職業，人種のいかんにかかわらず，私がめざす専門家（医者，法律家，商人，管理職，さらには，乞食や盗人にさえ）に育て上げてみせる」。

つまり，子どもの発達や特性の個人差は生育条件と環境刺激によるものであ

■キーワード■　遺伝優位説　ゲゼル→ p.191　レディネス→ p.197　環境優位説　ワトソン→ p.197

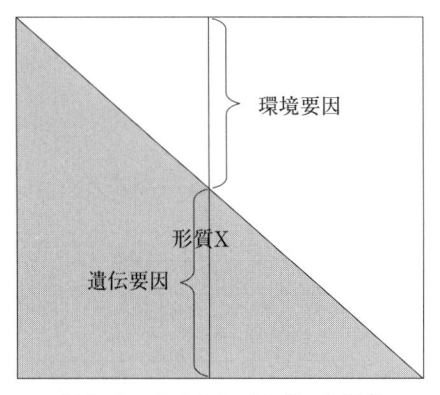

図1-2　ルクセンブルガーの図式

り，条件が整い，必要な学習刺激が与えられれば，どのようにでも発達する，教育しだいで，どのような人間でもつくり出せるという主張である。

3) 輻輳説

発達には遺伝と環境の両方の要因が加算的に作用しているという考え方。シュテルンによって提唱された。それぞれの要因がどのくらい影響しているかという割合はそれぞれの形質や特性によって異なるとする。これについては，ルクセンブルガーが表した図を見るとわかりやすい。たとえば図1-2にあるXという形質は遺伝と環境の影響が同じくらいだが，これより左に位置するものは遺伝の影響が強く，右にくるものは環境の影響が強いことを示す。

実際，肌や髪の色といったものは遺伝によってほぼ100％近く決定づけられるが，どのような言語を話すかは，生まれた土地，周囲の人びとの使う言語といって環境によって決定づけられる。しかし，「学力」や「楽器の演奏能力」といったものは「資質」と「環境」の両方が整って最大限の力が発揮される。この考え方は，遺伝要因と環境要因をそれぞれ完全に独立した物としてとらえ，その両要因が加算的にそれぞれの形質に影響を与えるとするものである。

4) 環境閾値説

ジェンセンによって提唱された。遺伝的素質は，最低限の環境が整った時に

■キーワード■　輻輳説　シュテルン→ p.192　環境閾値説　ジェンセン→ p.192

顕在化すると主張した。また，環境を良くしても，発達には遺伝的素質に基づく限界があるとする。たとえば，「歩行」は通常人間社会の中で暮らしていれば特別な練習なしに獲得できる。そのため，生存可能な最低限の環境が整えばよい。しかし，「水泳」はただ人間と暮らしていても獲得できない。獲得するためには適切な環境や教育が必要となる。さらに，どんなに環境が整い，教育に工夫をこらしても，世界記録を出すような選手を育てるにはやはり特別な資質が必要である。このような現象から，環境閾値説の立場では，「行動によって遺伝と環境の閾値は異なる」と考える。

### 5）相互作用説

「遺伝」と「環境」あるいは「成熟」と「経験」は切り離して考えられるものではなく，相乗的に影響し発達を形づくっていくという考え方である。現在，発達を規定する要因を最も合理的に説明する理論と考えられている。

たとえば，両親が音楽家である子どもが，幼い時から音楽的能力に秀でている時，「両親の遺伝的才能を受け継いだ」ということもいえるし，「音楽的に恵まれた環境が音楽的能力を高めた」ということもいえる。もちろん実際にはその両方である。

そこまで極端な例でなくとも，子どもが野球に興味を示してキャッチボールをせがめば，親は面倒でも相手をし，他の子より上達が早そうだとなれば，少々無理をしても道具をそろえたり，野球チームに入れたりと，どんどん環境は変化していく。逆に親が誘ってもキャッチボールを嫌がれば，親の方が，忙しいのにわざわざ相手をしなくてもいいかという気持ちになり，子どもの方はボールにさわるのを拒否したりするようになるかもしれない。そして，結局のところ環境はますます野球とは縁遠くなっていく。

上述の「輻輳説」や「環境閾値説」も広い意味では「相互作用説」と呼ばれることがあるが，前者2つの説においては，遺伝要因と環境要因をそれぞれ独立したものとしてとらえている。しかし，後者の「相互作用説」では子どもの遺伝的資質が環境に影響を与え，その環境から影響を受け変化した子どもの資

■キーワード■　相互作用説

質がまた新たに環境に働きかけていくというように，絶え間なく影響を与えあいながら発達を形づくっていくという点で，両者を別々にとらえることは不可能であるという前提に立つ。

### （2）「遺伝」や「環境」が本当に発達を規定するのか

　「生得的なものを重視するか」と「後天的なものを重視するか」という2つの考え方の対比あるいは折衷案において，「遺伝」と「成熟」は，生得的に決定づけられているものとして同義に，また，「環境」と「経験」は後天的に与えられるものとして同義に提示されている。しかし，そもそも「遺伝」と「成熟」を一緒に扱ってよいものなのか，「環境」と「経験」を同じものとして扱ってよいものなのか，ことばの定義づけの問題だといってしまえばそれまでだが，あまりにも乱暴な説明である気がしてならない。

　「成熟」は「遺伝」よりもはるかに生後の環境の影響を受けやすい。それぞれの生命にとって適した環境があってこそ，時に応じた成熟がある。また，与えられた「環境」が同じでも個人が内的に「経験」することは千差万別である。水遊びが大好きな子どもと，水に入ることが怖い子どもがプールの中で経験していることの中身は全く異なる。

　他方で，発達の主体としての，子どもの立場に立って現実に即して考えた時，与えられる「環境」はほぼ「生得的」に決定づけられたものであり，遺伝的素質と大して変わることはない。「相互作用説」をとるにしても，子どもの遺伝的素質と与えられた環境との相互作用を論じるわけで，子ども自身には変えようのないものが影響を及ぼしあっているというにすぎない。

　しかし，実際には「遺伝的素質」や「恵まれた環境」とは無縁のところで，思いもよらない発達を遂げ，能力を開花させていった人も存在し，どんなに素質に恵まれ，豊かな環境を与えられても，天性の素質を生かし切れずに別の道を選択する者もいる。

## （3） 遺伝と環境を超えるもの

　発達をある程度規定するものが「遺伝」と「環境」であるとするならば，遺伝的素質を生かし，積極的に環境に働きかけ，自分自身の発達を強力にささえるのは，主体としての子どもの成長への意欲なのではないだろうか。意欲がある時と，意欲がない時では同じ環境において客観的には同一の経験をしていても，「内的経験」とそこから得られるものは全く異なっている。遺伝も環境も超え，個人の能力を発揮させるのは一人ひとりの持つ「意志」であり，継続される「努力」である。どんなに恵まれた才能，恵まれた環境にあっても，本人が開花を望まない力は発揮されないし，逆の場合においては，さまざまな不利や困難を乗り越えて，周囲が思いもよらない力を発揮していく。

　どのような場合に人が意欲的になり，積極的に行動を起こし，また努力の継続を可能にするか，ということは非常に複雑なしくみであり，重要な心理学的テーマでもある。しかし，間違いなく人間を意欲的な人生に向かわせ，積極的に行動させるものは人との情緒的関係である。情緒的関係には愛情，好意，尊敬，憎しみ，怒り，怖れ，悔しさといったいろいろな感情が含まれる。時には怖れや悔しさが積極的行動を起こさせることもあるが，生きることそのものへの「意欲」に対して「愛情」の力はより安定している。周囲から愛され必要とされているという内的体験が自分への自信を形成し，自己実現への意欲の源となる。また，周囲を愛する気持ちが，期待に応えたい，役に立ちたいという気持ちの源泉となり，さらなる成長の動機となる。

　実際に，周囲から隔離され保育器の中で育てられている未熟児の赤ちゃんを，保育者が抱いて話しかける時間を設けたところ，情緒的にも身体的にも発達が促進されたという報告がある。

　生物としての発達を規定する「遺伝」や「環境」という枠を超えた，人間としての発達を実現するものが「愛情」を基盤とした成長への「意欲」である。

■キーワード■　内的経験→ p.194　自己実現→ p.192　情緒的関係　未熟児→ p.196

## 3. 発達の考え方を支える理論

　発達心理学研究の歴史の中で，大きく変化してきたことが2つある。

　1つは，本章の「1.　発達を見る目」で述べたように研究の対象として主として幼児期から青年期までのあいだ，すなわち子どもが一人前の大人になるまでの成長の過程を扱っていたものが，誕生から死に至るまで，すなわち「生涯」を発達の過程としてとらえるようになったことである。

　そして，もう1つは，当初の研究ではそれぞれの年齢における発達の状態を記述することに力がそそがれていたものが，しだいに，どのようなしくみでそのような変化が起きていくのかを明らかにしようとする研究が数多くなされるようになってきたことである。

　現代においても，人間の発達のすべてを合理的に説明する発達理論は確立していない。だからこそ，さまざまな発達観が存在し，保育や教育のあり方について，千差万別の考え方や方法が提案されている。しかし，発達研究の歴史の中で徐々に明らかになってきた事実や検証されてきた理論も数多く，それによって，人間の発達のメカニズムの一部はある程度解明され，解決されてきた問題もある。ここでは，人間の発達を理解する上で示唆に富む代表的な4つの理論を学んでいこう。

### （1）　エリクソンの人格発達理論

　エリクソンは，人間の生涯を対象にして，社会的なかかわりの中での人格の発達についての理論を展開した。エリクソンの考え方の背景には，児童精神分析の臨床活動，子どもの遊びに関する実験的研究，比較文化的，人類学的親子関係の研究等の幅広い経験がある。彼は人間の発達を個人と社会との相互作用の中で起こるものとしてとらえており，発達に対する彼の考え方は，心理学にとどまらず，教育や保育の幅広い分野に影響を与えている。

■キーワード■　エリクソン→ p.190

表1-2 エリクソンの心理社会的発達段階（Erikson, 1963を参考に作成）

| 段階 | 時期 | 心理社会的危機 | 重要な対人的環境 | 好ましい結果 |
|---|---|---|---|---|
| Ⅰ | 乳児期<br>（0～1歳） | 基本的信頼<br>対<br>不信 | 母親，またはその代理者 | 自分は愛されており，人は信頼できるという感覚をもつ |
| Ⅱ | 幼児前期<br>（1～3歳） | 自律性<br>対<br>恥・疑惑 | 両親 | 自力での移動や食事，排泄が可能になり，自らの意志で自分自身の行動をコントロールしようとする |
| Ⅲ | 幼児後期<br>（3～6歳） | 自発性<br>対<br>罪悪感 | 家庭，近隣，幼稚園，保育所 | 「遊戯期」とも呼ばれ，自発的な遊びに没頭し，好奇心を力に，遊びの中で実験と挑戦を繰り返す |
| Ⅳ | 学童期<br>（6～12歳） | 勤勉性<br>対<br>劣等感 | 学校，近隣，仲間集団 | 仲間集団の中で，社会生活に必要な知識や技能を学習する。自分の能力や役割を客観的にとらえ，目標をもって努力するようになる。自己信頼感をもつ |
| Ⅴ | 青年期 | 自我同一性<br>対<br>同一性混乱 | 仲間集団，外集団，リーダーシップのモデル | 個人の自立を前提として集団や社会へ適応し能力を発揮する。自分という存在を問い直し，自己像としての自分，他者から見た自分，理想とする自分といった自己概念を統合し受容する |
| Ⅵ | 前成人期 | 親密性<br>対<br>孤立 | 職場，友人恋人 | 親密で永続した人間関係を形成する。生涯を託す職業やパートナー，生活様式の選択 |
| Ⅶ | 成人期 | 世代性<br>対<br>停滞 | 家族，職場 | 社会の中核となり，子どもや，職場の後輩など次の世代を育てることに積極的に関与する |
| Ⅷ | 老年期 | 統合性<br>対<br>絶望 | 人類<br>次世代 | 過去をふり返り，良いことも悪いことも含めて精一杯生きてきた人生として受け入れる。次世代に希望を託す |

エリクソンの発達理論の特徴を以下に述べる。

(1) 人間の一生を「ライフサイクル」という概念でとらえ直し，誕生から死に至るまでの生涯すべてを発達の過程として位置づけた。

初期の発達心理学が誕生から青年期までの心身の成長を研究対象としていたのに対し，エリクソンは，成人後も人は常に環境との相互作用の中で発達を続

■キーワード■　ライフサイクル→ p.197

けると考える。たとえば親子関係を見る時，親を一方的に子どもに働きかけ，子どもの発達を支える存在としてとらえるのではなく，子どもからの働きかけを受け，親として発達していく存在としてとらえた。親子は互いに影響し合いながら，それぞれ自分の発達課題を担って，生涯を通じて人格発達を遂げていく。

(2) 人間の一生を8つの発達段階に分け，各段階に固有の発達課題を設定し，前段階の発達課題の達成が後の発達段階における課題の達成に影響を及ぼすと考えた。

人間の発達過程において知的発達や社会性の発達が早期に成されることが必ずしも良いことではなく，時には十分に世話をされ依存することが，また，時には親の統制に対して自己主張することや，自発的に遊ぶことが大切であるというように，各発達段階に応じた体験を重要視している。それぞれの発達段階を十分に生きることが，次の段階へのスムーズな移行と将来の健全な人格形成につながると考えている。

(3) 発達課題の達成の過程を「心理・社会的危機」としてとらえ，「成功か，失敗か」というとらえ方ではなく，どのようなバランスでこの危機を乗り越え，周囲の人とのどのようなかかわりの中で人格を発達させたかという点を重視した。

たとえば，乳児期の課題としての「基本的信頼 対 不信」をとって考えてみると，人間に対する絶対的な信頼を獲得することも，完全に不信感だけを持つこともたやすいことではない。「基本的信頼 ＞ 不信」という関係があれば，人とかかわることは困難でなくなる。また，児童期においてもたいていの子どもは，目標設定，仲間との協力，努力，達成，自信の獲得と同時に，競争，敗北，劣等感の獲得といった経験をもつ。そんな中で「勤勉性の獲得 ＞ 劣等感」というバランスが保たれていれば発達課題は達成され，それを足がかりとして次の課題に立ち向かうことができる。

■キーワード■　発達課題→p.195　発達段階→p.195　知的発達　社会性→p.192　心理・社会的危機

## (2) ピアジェの認知発達理論

ピアジェは，エリクソンとほぼ同時代に生きながら，関心の方向や研究の方法は大きく異なっていた。エリクソンとの共通点は，発達を，常に個体と環境との相互作用の中で起こる現象ととらえた点であるが，ピアジェの研究の多くは子どもたちの「認知」と「思考」の発達に焦点があてられたものであった。

ピアジェ理論の特徴としては，以下のような点があげられる。

(1) 人間が物事を認識する力はどのように獲得されていくのかを明らかにしようとした。それまでの発達心理学が発達の現象の変化の記述にとどまっていたのに対し，子どもの内面でどのような変化が起こっているかに注目した。

(2) 理論的基盤に生物学をおき，子どもが外界を認識する過程を「同化」「調節」「均衡化」としてとらえた。思考の「構造」（シェマ）という概念を用いて，生物が環境との相互作用の中で身体的構造を変化させていくのと同じような変化の過程が，人間の思考の構造の発達過程にも起こっていると考えた。

(3) 認知構造の発達段階を設定した。そして，この段階は順序が一定で変わることはなく，また，非可逆的なものであるとした。

ピアジェが用いた概念のうち「同化」とは，外界の事物を自分のもっている構造に合わせて取り入れることである。自分ができるようになったやり方をさまざまな対象に当てはめてみることがこれにあたる。「調節」とは，今までのやり方では取り入れることのできない対象を取り入れるために自分自身の構造を変えることである。解決が困難な新たな問題に新しい方法を試してみることがこれにあたる。そして同化と調節を繰り返すことによって「均衡化」を図り，新しい認識の構造によっての課題解決が可能になっていく。

たとえば，物の数を把握する方法を考えてみると，1～5個程度の対象であれば一目見てわかる。しかし，6個以上になると，数えることで正確な数を把

■キーワード■　ピアジェ→p.195　同化　調節　均衡化　シェマ

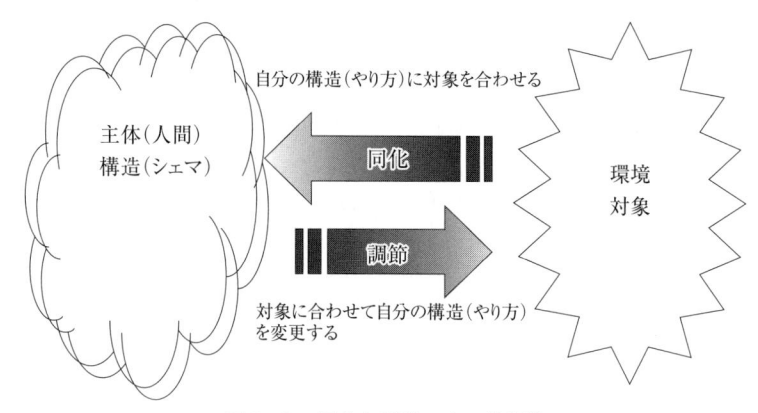

```
           自分の構造(やり方)に対象を合わせる
   主体(人間)   ←――――――
   構造(シェマ)      同化              環境
                                       対象
              ――――――→
                  調節
           対象に合わせて自分の構造(やり方)
           を変更する
```

**図1-3　同化と調節による均衡化**

握しようとする。その数がさらにふえて，1つずつ数えることが難しくなってくると，10個ずつ並べるとか，方形に並べてかけ算を使うなどという方法も使うようになる。このとき，私たちは対象に合わせて，自分たちの使う数把握の構造を変化させている。

　私たちはつい「いくつまで数えられるか」ということに目を向けがちだが，ピアジェは「どのようなやり方で数えたか」ということに関心をもった。正しい答えを出せたかどうかということより，対象をどのように認識し，どのような考え方で答えを出そうとしたかを重視したのである。

　ピアジェは，人間が「同化」と「調節」を繰り返しながら，次々と出現する新たな課題を解決できる認識の構造を獲得し，均衡化を図り，環境への適応を図っていくと考えた（図1-3）。

　表1-3にピアジェが考えた思考の発達段階についての概要を載せた。この中に出てくる「操作」ということばが難解で耳慣れないが，頭の中で，イメージやことばを動かすこととすると理解しやすい。具体的操作とは，実際に目で見たり，手で触れたりできるものを頭の中において動かすことができるということである。形式的操作とは，実際には目にすることが不可能であったり，現実にはありえないようなことでも，論理として存在を仮定し，それを使って自

■キーワード■　操作

由に思考を進めることである。

たとえば，前操作期までの子どもは，自分が実際に接し，知覚している範囲のことしか理解できない。算数でいえば，実際におはじきやタイルを使わないと数の理解が難しい。しかし，具体的操作期の子どもは，絵にしたり，簡略な図にしたりあるいは，単純な計算式を使って考えることが可能になる。そして形式的操作期になると，実際には知覚が困難な，時間あたりの速度であるとか，比重であるとか，さらには，複雑な計算式や定理，公式といったものを使って問題を解くことが可能になっていく。

表1-3 ピアジェによる発達段階の特徴

| ステージ | 完成の時期 | 段階の特徴 |
| --- | --- | --- |
| 感覚運動期<br>（感覚運動的段階） | 0〜2歳 | 感覚と運動機能を用いて外界を認識していく。生得的反射により，外界との接触が始まり，しだいに能動的，適応的な動作へと変化する。見る，吸う，つかむ等の動作が出来るようになると，偶然それらが結びつくことにより，循環反応が出現する。さまざまな試行錯誤を繰り返し，洞察的行動を獲得する。思考の対象となるのは今起こっていることに限られる |
| 前操作期<br>（前操作的段階） | 2〜7,8歳 | 感覚と運動に頼らず，イメージやシンボルによる思考が行われる。言語の使用，描画や延滞模倣が可能になる。この時期の思考は論理よりも直感的な知覚に影響されやすく，見かけにまどわされやすい。思考の対象となるのは実際に知覚できるものとその記憶 |
| 具体的操作期<br>（具体的操作段階） | 7,8〜11,12歳 | 子どもは知覚に支配されることなく，論理の筋道に従った思考が可能となってくる。ただしそれはいつも実用的問題や具体的な場面に対してしか適用できず，現存する対象を離れた論理的推論はまだ不可能である。保存概念が獲得される。思考の対象となるのは，具体的にイメージ可能なものや出来事 |
| 形式的操作期<br>（形式的操作段階） | 11,12歳〜 | 思考の方法は試行錯誤的ではなく論理的で効率がよい方法をとる。具体的な対象に限らず，言語的仮説に基づいた推理や抽象的概念を操作することができるようになる。自分の思考そのものを思考の対象とすることができるようになる |

■キーワード■　生得的反射　循環反応　イメージ→ p.189　シンボル→ p.192

## （3） ヴィゴツキーの発達の最近接領域理論

　ヴィゴツキーは「園芸家が果樹園の生育状況を知ろうとする時に，成熟した，実を結んだ果樹だけでそれを評価するのが間違っているのと同じように，心理学者も子どもの発達状態を評価するときには，成熟した機能だけではなく，成熟しつつある機能を見なければならない」と述べた。そして「発達の最近接領域」という概念を用いて，現時点で子どもが自力で問題解決できる水準と，解決不能な水準との間にある，他者からの手助けや共同によって解決できる水準を示し，大人がこの領域を見極めて教育的働きかけを行うことの重要性を強調した。「発達の最近接領域」は今まさに成熟しつつある機能であり，「明日の発達水準」を示すものである。

　ヴィゴツキーの考え方の特徴として，人間の精神機能が社会的な関係から発生して徐々に個人的なものに発達していくという方向性を強調したことがあげられる。たとえば，ことばの発達を例にとると，最初は大人の模倣を楽しむ形で発生した音声が，まわりの人とのコミュニケーション手段としての言語となり，その後しだいに，思考の手段として内面化していく。

　また，ヴィゴツキーは協同学習や模倣の教育的意義を重視した。子どもは協同学習の中で周囲の子どもたちのやり方や考え方を見て学び，模倣することでできないことができるようになる。さらに遊びと発達の関係については次のように述べている。「遊びは発達の源泉であり，発達の最近接領域をつくり出す。想像的場面，虚構的場面での行動，随意的企図の創造，生活のプランや意志的

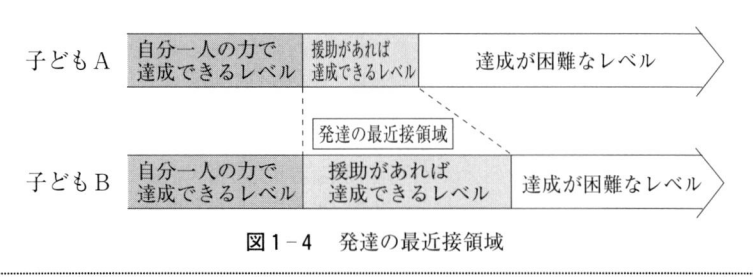

図1-4　発達の最近接領域

■キーワード■　ヴィゴツキー→ p.189　発達の最近接領域

動機の形成など，これらすべては遊びの中で発生し，子どもを発達の高い水準に引き上げる」（ヴィゴツキー，2000）。

人は，どんな発達段階にあっても他者との相互交流をとおして学習を成立させ，人格的な発達を成し遂げていくという彼の考え方は，エリクソンや後述するブロンフェンブレンナーに共通するものがあり，保育における発達のとらえ方に多くの示唆を与えるものである。

### （4） ブロンフェンブレンナーの生態学的アプローチ

生態学とは，生物と環境の間の相互作用を広く扱う学問分野であり，本来の生態学研究は，生息する生物の種類や数，行動様式が，いかに自然環境から影響を受け，また，自然環境に影響を与えるかといったところにある。

ブロンフェンブレンナーは子どもの発達を社会システムとしての環境の中でとらえ，説明しようとした。彼は，子どもをとりまく環境を，図1-5のような形の環境システムと考えた。

マイクロシステムは子どもを直接取り巻く環境である。家族や友だち，保育者，先生といった人的環境，幼稚園，保育所，学校といった場所などがこれにあたる。母子関係や仲間関係はマイクロシステムの中で展開され，相互に影響を与え合っている。

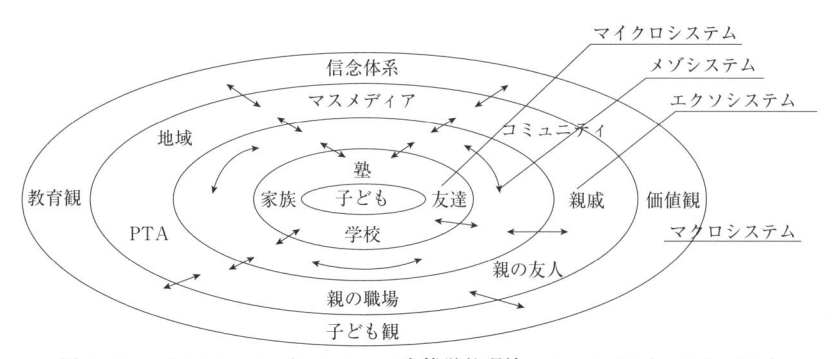

**図1-5** ブロンフェンブレンナーの生態学的環境システム（子安・二宮，2004）

■キーワード■　ブロンフェンブレンナー→ p.195

メゾシステムはマイクロシステム同士の相互関係である。父親と母親，家庭と幼稚園，母親と友だちの母親といったマイクロシステムを構成している要素同士の関係が子どもに間接的に影響を与えている。

エクソシステムはマイクロシステムやメゾシステムに影響を与えている二次的な環境要因であり，保護者の生育歴，職場環境，居住地域の環境，教育システム，行政サービスなどが挙げられる。

そして，最も外側にあるのがマクロシステムで，これは子どもが所属する社会集団が伝統的に受け継いできた文化や価値観といったものである。

それぞれのシステムの関係には，①マクロな環境（外側）がよりミクロな環境（内側）を規定する，②マクロな環境はミクロな環境を通して子どもに影響を与える，③マクロな環境の影響は想像以上に大きいが，ミクロな環境に比べ気づかれにくい，④マクロな環境からミクロな環境にすすむにつれ，個人差が強く表れる，といった特徴がある。

子どもの発達現象を考える際に，私たちは安易に子どもの資質や，保護者の養育態度を規定因として考えがちだが，その背景にあるさまざまなレベルのシステムが，深く大きな影響を与えているという視点をもつことが大切である。

## 4．保育と発達

### （1）「幼稚園教育要領」と「保育所保育指針」

「幼稚園教育要領」と「保育所保育指針」は，幼稚園および保育所の保育内容に関するガイドラインである。ここでは，幼稚園教育要領（以下，教育要領），保育所保育指針（以下，保育指針）の中で「発達」がどのようにとらえられてきたかを概観することにより，「保育」と「発達」のかかわりについて考えてみよう。

教育要領については1964（昭和39）年の改訂以来，また，保育指針について

■キーワード■　幼稚園教育要領→ p.197　保育所保育指針→ p.196

は，1965(昭和40)年の作成以来，20年以上にわたって運用されてきたそれぞれの内容が，前者については1989(平成元)年，後者については1990(平成2)年大幅に改訂された。この時期に大規模な改訂が行われた背景には，社会情勢の変化と幼児期の教育への関心の高まりがある。また，改訂されたそれぞれの内容には，この間の「発達」に対する考え方の変化が明確に反映されている。改訂以前の教育要領および保育指針では，「発達段階に合わせた保育」というものが重視され，それぞれの発達段階（すなわち各年齢）に応じた望ましい経験や活動といったものが列記されていた。この考え方では子どもの「発達段階」というものが明確に定まったものであり，発達はその時期に到達すべきもの，達成されなければならないものといった意味合いが強かった。

しかしながら，1989年以降においては，発達はあくまでも一人ひとりの子ども固有のものであるという観点から，個人差をふまえた「発達過程」ということばに変化している。個人差が大きいこの時期に，平均的・典型的な発達を遂げる子どもたちだけをイメージして保育をすることには無理があり，幼児の発達は多様な経過をたどって成し遂げられていくものである，ということを原則として，一人ひとりの特性に応じた指導・援助を行うことが強調されている。

その後，子どもをめぐる急速な社会情勢の変化の中で，教育要領については1998(平成10)年，保育指針については1999(平成11)年，再度改訂が行われ，1989年以降の改訂の流れを踏襲しつつ，幼児の主体的活動が確保されるような環境の構成や，豊かな生活体験をとおして「生きる力」の基礎を育成すること，保育所における子育て支援機能の充実等が盛り込まれた。

さらに，2008(平成20)年，前年度に行われた教育基本法，学校教育法の改正に引き続き，両者同時に改訂が行われた。2008年改訂の変更点およびそこに見られる発達観に焦点をあててみると，幼稚園教育要領については前回1998年に行われた改訂に多少の加筆や修正（たとえば，満3歳児入園や認定こども園といった文言，教育時間の終了後に行う教育活動，すなわち預かり保育についてなど）が行われたのみにとどまり，大幅な変化はない。これに対して，保育所

■キーワード■　発達段階→p.195　発達過程　生きる力

保育指針については，以下のようなきわめて大きな変化が見られた。
(1) これまでの厚生労働省児童家庭局長通知から厚生労働大臣による告示となり，保育指針が最低基準として明確となった。
(2) 各保育所の創意工夫を促す観点から，内容が大綱化されスリムになった。
(3) 保育所保育の特性である「養護」と幼稚園教育要領に準拠した「教育」に分けて，それぞれのねらいと内容が示された。
(4) それまでの指針の「第2章　子どもの発達」で示されていた8つの年齢区分の発達過程の内容がコンパクトなものとなり，また，それぞれの区分を示す年齢に「おおむね」ということばが付け加えられた。
(5) 保育士および保育所の保育の内容について自己評価を実施し，保育実践の改善に努めることが求められるようになった。

## （2）　保育における発達のとらえ方

2007（平成19）年に行われた学校教育法の改正に伴って，同法第3章に「幼稚園」という章が挿入され，第22条に「幼稚園は，義務教育及びその後の教育の基礎を培うものとして，幼児を保育し，幼児の健やかな成長のために適当な環境を与えて，その心身の発達を助長することを目的とする」と規定された。すなわち，幼稚園における保育の第一の目的は，子どもの健全な発達の基礎を培うための環境を用意することであり，保育の基本は，環境を通して発達の支援を行うこととされている。これは，大人が，子どもを直接指導するよりも，物的・人的環境を通して，子どもが自ら動き出すことを支援し，間接的に発達を促すといったことを意味している。すなわち，子どもを白紙と考え，直接的に知識や技能を教え込もうとすることを保育とは考えない。人は，生まれながらにして，主体的に人や物とかかわり合いながら存在し，環境を自らの中に取り入れ，自らを環境に適応させることで発達していくと考え，こうした相互作用が活発に行われ，豊かな関係性の中で発達を助長するのが幼稚園や保育所にお

■キーワード■　保育実践

ける保育の目的であると考えられている。

　また，教育要領・保育指針では，「○歳なのだから△△ができるようになる（できなくてはならない）」といった技能の到達目標も設定されていない。さらにいうならば，「○○ができる」という技能の習得よりも，子ども自らが「やってみよう」とする心情・意欲・態度を育てるという視点で作られているのである。たとえば，行事のために鼓笛隊や太鼓の練習を熱心に行い，楽器の演奏が上手にできるようになるということを発達とはとらえず，まず音楽を好きになって，いろいろな楽器や音に親しむことや，友だちと一緒に演奏することを楽しむこと，表現する喜びを共有し，努力を認められる達成感を感じることを発達と考えているのである。そして，こういった過程を豊かに体験できる環境を用意することこそが，乳幼児期の発達に則した保育であるととらえられている。

　ところで，教育要領および保育指針には，乳幼児の発達の側面として「健康」「人間関係」「環境」「言葉」「表現」という5領域について，子どもが身につけるべき保育の内容が示されている。これら5領域は子どもたちの発達をバランスよく，総合的に把握する視点にもなるだろう。そして，教育要領や保育指針では，さまざまな領域の発達の相互関連性が重視されている。思考力，情緒，運動能力，社会性はバラバラに発達するものではなく，それぞれの側面が互いに関連しあいながら発達していくと考えられ，各領域に示されるねらいは，「園生活の全体を通じて，さまざまな体験を積み重ねる中で，相互に関連をもちながら次第に達成に向かうものであること」とされている。

　さらに，保育指針においては，第2章に子どもの発達の姿がより詳しく描写されている。今回の改訂でその内容はよりコンパクトとなり，既述してきたように「発達の過程」というものを強調するため，各年齢には「おおむね○歳」といった記載がなされるようになった。年齢ごとのおおよその発達過程の記載により子どもの様子を具体的にイメージしやすくなり，発達の順序性や方向性の大筋を知ることができる。これによって，子どもの成長・発達にある程度の

■キーワード■　5領域→ p.191

見通しをもった支援を考えることも可能となるが，あくまでも，目の前の子どもの一人ひとりの発達の過程と心身の状態に応じた援助と環境構成を丁寧に行っていくことが大切である。

　以上，改訂された教育要領・保育指針に即して，保育における発達のとらえ方についてみてきたが，保育者はそういった発達観がどのような歴史的な流れの中で位置づけられたものであるのか，またどういった方向の保育をめざしているのかをよく理解し，日々の保育実践を計画していくことが求められる。

**表1-4　保育所保育指針に記載された発達過程にとりあげられた各時期の主な特徴**

| 区分 | 発達過程の特徴 |
| --- | --- |
| 6ヵ月未満 | 首がすわる。寝返り，腹ばいが可能になる。泣く，笑う，喃語などで欲求表現し，特定の大人との間に，情緒的な絆が形成される |
| 6ヵ月～1歳3ヵ月 | 座る，はう，つたい歩きなどの運動，及び腕や手先を意図的に動かすことが可能になり探索活動が活発化する。あやしてもらうと喜ぶ一方，人見知りが始まる |
| 1歳3ヵ月～2歳未満 | 歩行，押す，つまむ，めくるなどの運動機能を獲得する。また，指さしやことばも使用し，身近な人や物に自発的に働きかける。見立てなどの象徴機能も発達する |
| 2歳 | 走る，跳ぶなどの基本的な運動機能や排泄の自立のための身体機能が整ってくる。自分の意志や欲求をことばで表現できるようになり，自我の育ちの表れとして強く自己主張する姿が見られる。大人と一緒に簡単なごっこ遊びを楽しむ |
| 3歳 | 食事，排泄，衣類の着脱などがほぼ自立。話しことばの基礎ができ，さかんに質問する。予想や意図，期待を持って行動ができるようになる |
| 4歳 | 全身のバランスをとる能力が発達し，体の動きが巧みになる。さまざまな物の特性を知り，それらとのかかわり方や遊び方を体得していく。仲間とのつながりが強くなり，けんかも増えるが，決まりの大切さに気づく |
| 5歳 | ことばにより共通のイメージを持って遊び，目的に向かって集団で行動する。遊びを発展させ，楽しむために，自分たちで決まりを作ったり，けんかを自分たちで解決しようとするなど，社会生活に必要な基本的力を身につける |
| 6歳 | 予想や見通しを立てる力が育ち，心身共に力があふれ，意欲が旺盛になる。役割の分担が生まれ，協同遊びやごっこ遊びを行い，満足するまで取り組む。思考力，認識力が高まり，自然事象や社会事象，文字などへの興味や関心が深まる |

## コラム1：虐待事例から考える発達と環境

　以下は，1970年代の日本で実際にあった出来事である。

　山あいの小さな町の寺の裏庭で，2人の幼児が泥まみれで放置されているのが目撃された。この光景に異様なものを感じた目撃者の通報がきっかけとなって，実の両親から育児放棄されていた姉弟が救出されることになる。

　5歳と6歳と推定される姉弟は，発見当時極度の栄養不良状態で，2人とも身長80センチ，体重8kgしかなく，これは，ほぼ1歳の体格である。歩行はできず，言語は姉が数語を発し始めた程度で，弟は全く話せなかった。収容された乳児院に，はじめて2人の調査に訪れた心理学者は，1～2歳の乳児の中に収容されている2人がどの子どもなのか，見分けられなかったという。

　2人は本堂の回廊の一部を板で仕切って作られた空間に入れられ，食事は1日1食おじやかうどんを与えられていた。かこいはひさしの下に作られていたが，屋根はなく，真冬の気温は氷点下10度まで下がることもあるこの地方で，2人が生き延びていたのは奇跡に近い。過酷な状況で生き延びた2人の生命力は驚異的だが，さらに驚くべきは，その後の2人の成長である。

　救出後，発達心理学の専門家が中心となって2人に対する支援プログラムが作られた。しかし，当時発達には「臨界期」があるというのが定説であり，発達段階相応の経験を長期間剥奪され，運動や言語，思考，あらゆる面で遅れを生じた姉弟の場合，発達水準を年齢相応に近づけることは困難であることが予想された。ところがこの予想は大きく裏切られることになる。

　2人は救出後1週間足らずの間に歩行を始め，運動能力はほぼ3年で年齢水準に追いついた。身長は救出後1年で15cm伸び，15歳時点で姉は標準よりやや小柄，弟は標準並みにまで育っている。乳児院に入所後間もなく，保育者に愛着を示し後追い行動もみられるようになる。短期記憶力や言語能力には，継続的な遅れが残ったが，日常生活上は何の支障もなく，その後，普通科高校に進学を果たす。

　藤永ら（1986）は，発達心理学者として発達支援にかかわった14年間の記録と姉弟の成長の経過をまとめ，人間における初期環境と発達の関係について考察を加えている。2人の発見当時の著しい発達の遅れと，その後の成長過程は，環境が人間の発達に与える影響の大きさと，環境から受けたダメージを修復する力の強さの両方を示している。

# 第 2 章
# 胎児期から新生児期

　胎児期と新生児期は，人間の一生においても劇的な変化が連続する時期である。妊娠して最初の健診では，小さな点のようなものとして確認できる程度の存在が，約10ヵ月後にはさまざまな能力を備えて生まれてくる。そしてそれに続く新生児期の終わりには，「アー」や「グー」と声を発し，周囲とかかわろうとする存在にまで成長する。
　本章では，胎児期と新生児期の成長・発達の過程を追いながら，この時期の赤ちゃんや母親（養育者）とのかかわりを考えていく。

## 1. 命の誕生

### (1) 妊娠初期における母体の変化と胎児の成長

　約10ヵ月。母親とおなかの中の胎児との長いようで短い共同生活の期間である。まず約10ヵ月というが，どこをスタートとするか知っているだろうか。受精した日と考えがちであるが，妊娠の週数は，最終月経の開始日を「妊娠0週0日」として数えはじめる（表2-1）。

　月経の遅れなどから妊娠が確認されるのは，妊娠2ヵ月以降となる。また，妊娠月は4週＝28日であるため，暦の上の1ヵ月とはちがう。したがって妊娠月でいう10ヵ月，つまり出産予定日は，最終月経開始日から数えて40週0日となる。

　妊娠初期とは，1ヵ月～4ヵ月（0週0日～15週6日）までをさす。この時期の特徴的な母体の変化は，月経の遅れとつわりであろう。つわりの程度やその症状は人によってさまざまである。吐き気やむかつきだけでなく，頭痛や眠気といった症状が表れることもある。

　胎児が胎児と呼ばれるようになるのは妊娠8週目からであり，それまではまだ胎芽と呼ばれる。最初はタツノオトシゴのような形をしているが，初期の終わりごろには3頭身になり，手や足の形を確認できるようになる。3ヵ月ごろまでには臓器や器官の基本的構造が形成され，超音波では心臓の動きを確認で

表2-1　妊娠の週数

| 妊娠月 | 妊娠週数 | 日数 | 状態 |
| --- | --- | --- | --- |
| 1 | 0 | 0～6 | 最終月経の開始 |
|  | 1 | 7～13 |  |
|  | 2 | 14～20 | 妊娠2週0日ごろ，平均的な排卵日 |
|  | 3 | 21～27 | 受精卵が子宮に着床，妊娠の成立 |

■キーワード■　妊娠初期　つわり　胎芽　胎児

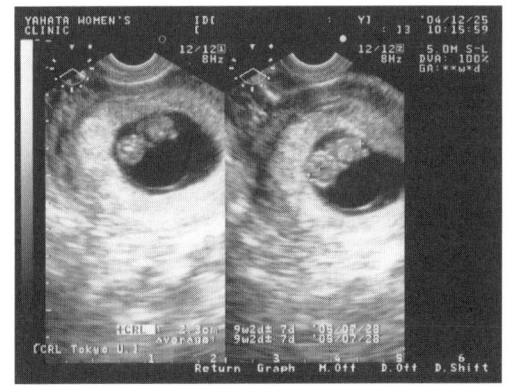

図2-1　妊娠9週の胎児
▶頭・胴体が分かれているのがわかる。

きる。また，初期の終わりごろには筋肉も発達し，子宮内での活動も活発になる。

### （2）　妊娠中期における母体の変化と胎児の成長

　妊娠中期とは，5ヵ月〜7ヵ月（16週0日〜27週6日）までをさす。母体では胎盤が完成し安定期に入るとともに，つわりがおさまることが多い。このころになると子宮の増大，羊水の増加にともない，おなかが目立つようになり妊婦らしい体型になる。

　胎児は，妊娠中期のはじめごろには4頭身となり，赤ちゃんらしい体形となる。超音波写真では，顔立ちがはっきりし，手や足を動かしている様子を確認することができる。

　聴覚が特に発達し，外界の音に反応するようになる。また脳の発達に伴い，自分で体の向きをかえるなどの行動もみられるようになる。実際には，妊娠8週ごろから胎児は活動を始めているが，その動きを母親が感じられるようになるのは，妊娠中期に入ってからである。これが胎動である。小西（2003）は，母親が最初に赤ちゃんが動いたと感じる動きは，驚愕運動と呼ばれるものではないかとしている。びっくりしたときや眠っている時に，体がびくっとなるの

■キーワード■　胎動

を経験したことがないだろうか。驚愕運動とはそのような動きのことである。まだ小さい胎児が羊水の中でびくっとすれば，蹴られたというよりは，おなかの中で水が波打つような，水の表面で大きな泡がはじけるようなものとして母親には感じられる。

## （3） 妊娠後期における母体の変化と胎児の成長

　妊娠後期とは，8ヵ月～10ヵ月（28週0日～39週6日）までをさす。妊娠後期になると子宮はさらに大きくなり，おなかが前にせり出し，足元が見えにくくなるほどである。大きくなった子宮に下半身が圧迫され，むくみなどが生じるようになる。この時期には，妊娠高血圧症候群という妊婦特有の病気が表れることもあり，注意が必要である。妊娠高血圧症候群の主な症状は，高血圧・蛋白尿であり，その原因ははっきりとはわかっていない。

　胎児は聴覚がさらに発達し，視覚も備わるため，外界の物音や光に反応するようになる。動きはますます活発になり，しっかりとした胎動が感じられるようになる。胎児が子宮いっぱいに成長しているため，足を動かしたり手を伸ばしたりしている様子や，しゃっくりをしている様子がはっきりとわかるほどで

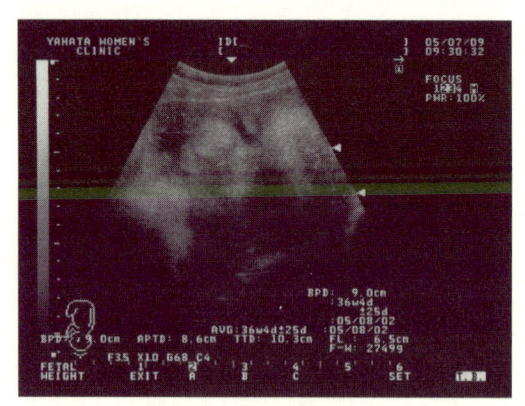

図2-2　妊娠36週の胎児
▶顔の様子がはっきりとわかる。

■キーワード■　妊娠高血圧症候群

ある。

　9ヵ月に入ると肺機能が成熟し，胎外でも生活できるようになる。このころになると，外見は新生児とほとんど変わらない。10ヵ月になるとすべての器官が完成し，病気に対する免疫が胎盤を通して母体から胎児に移行する。出産日が近づくと，胎児は骨盤の間に頭が固定され，体をぐっと縮めるような姿勢をとる。胎動も減り，生まれる時を静かに待っているかのようである。いよいよ生まれる準備が整うと，陣痛が起こり母親のおなかの中での10ヵ月が終わる。陣痛が40週0日あたりで何をきっかけにして起こるのかなどは，まだよくわかっていない。命の誕生は，その過程も含めて神秘的な出来事である。

## 2．驚くべき1ヵ月（新生児期）

### （1）新生児の身体的特徴

　生まれて28日未満の赤ちゃんを新生児と呼ぶ。この期間は，母親のおなかの中から外の世界へ出てきた赤ちゃんにとって，環境の変化に適応するための大切な期間である。

#### 1）頭
　頭のてっぺんには大泉門と呼ばれる，柔らかいひし形のくぼみがある。これは以降の成長に備えるものであり，1歳～1歳半で閉じる。生まれてすぐの新生児は，細長い頭の形をしている。産道を通ってきた時に圧迫されたためであるが，数日で自然に丸くなっていく。また新生児は一方向に顔を向けて寝ることが多く，頭も柔らかいために変形しやすいが，1歳ごろには目立たなくなる。

#### 2）姿勢
　自然な仰向け（仰臥位）では，腕はW字型，足はM字型に曲がっており，手を軽く握っている。

■キーワード■　身体的特徴

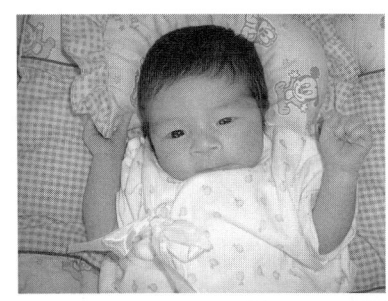

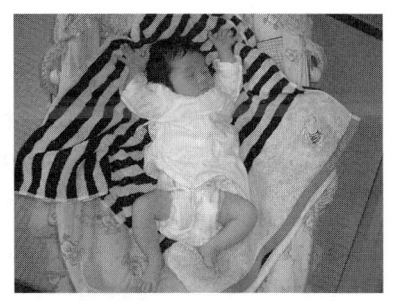

図2-3　生後約2週間の新生児

### 3) 皮　膚

新生児の皮膚は薄く、大人の10分の1以下である。そのため、かぶれやすく、おしりふきなどで強くこすると傷つきやすい。

生後2～3日ごろより皮膚が黄色くなるが、これは新生児黄疸とよばれるもので、1週間ほどで解消される。

### 4) 体　重

この時期は1日に体重が約30g～40g程度増加する時期であり、満1ヵ月を迎える頃には、出生時の体重よりも約1kg程度増加する。生後1週間ほどは体重が減少することがあるが、この現象は生理的減少と呼ばれる。便や尿が排泄されることに加えて、羊水に浮かんでいたときに含んだ水分が皮膚や肺から蒸発したり、まだうまく母乳やミルクを飲むことができなかったりするために起こるもので、出生時の体重の10パーセント程度の減少であれば心配はいらない。

### 5) 便・尿

生後2～3日は、暗緑色、無臭のねばねばした便が排泄される。これは胎便と呼ばれるものである。生後3～4日すると、乳汁由来の黄色い便をするようになる。母乳栄養児と人工乳栄養児では便の様子や、においに違いがある。たとえば母乳栄養児の場合、ゆるい便が排泄され、ヨーグルトのような芳香性酸臭がする。

■キーワード■　新生児黄疸　胎便

## （2） 新生児の能力

　生まれたばかりの赤ちゃんを見たことがあるだろうか。とても小さく，眠ってばかりいる。一見何もできなさそうに見える。確かに自分で動いたり栄養を摂取したりはできないが，新生児はいろいろな能力をもっている。

### 1）視　　覚

　胎生30週ごろには光を感じていて，光の刺激によって胎動が増すなどの行動がみられる。新生児は，強い光に対し瞬時に目を閉じることはあるが，物が飛んできたときなどに目を閉じる瞬目反射は見られない。

　新生児が本当に「目が見えている」ということは，新生児にさまざまな形の刺激を見せ，どのような反応を示すかという方法により検証されている。代表的な研究としては，ファンツ（1961）の実験があげられる。

　ところで，生まれたばかりの赤ちゃんはどこを見ているのかよくわからない。これは，自分でピントを合わせて物を見ることはできないためである。新生児にとって最もよく見えるのは，20cm～30cmの距離で，これはちょうど母親の腕に抱かれた状態で，母親の顔までの距離に相当する（p.46参照）。

### 2）聴　　覚

　胎生7～8週より聴力があり，外界の音，母親の心音や声を聞いている。新生児は母親の話しかける声に反応して，ミルクを飲むのを中断したり，金属音や高音，大きな音などに反応を示したりする。

　胎児が音を聞いているのかということを，胎児に直接聞いて確かめることはできない。そこで，早期産児を対象とした実験が行われている。

　先に述べたように，赤ちゃんは約40週で生まれてくる。早期産児とは，実際はおなかの中にいるはずの期間よりも早く（在胎36週以下）生まれてきた子どものことである。この早期産児が音に反応すれば，胎児はすでに聞く能力をもっているということを推測することができる。具体的な研究としては，松田・大坪・島田による「新生児の心身発達に関する研究（Ⅲ）―呼びかけ行動

■キーワード■　能力　視覚　聴覚　ファンツ→ p.195

に対する新生児の反応（1988）」がある。

　最近では，胎児が母親の胎内で音を聞いていることを利用したCDも販売されている。子宮内で胎児が聞いている音と同じになるよう，特殊な方法を用いて録音したCDで，子宮内で聞いていた音と同じものを聞くことによって赤ちゃんが安心し，泣き止む，眠るなどの効果があるとされている。こうしたCDの存在からも，胎児がすでに音を聞いていることを伺い知ることができる。

### 3) 原始反射

　新生児期には，原始反射と呼ばれる特有の反射運動がみられる。これらの反射は脳の発達にともない，自分の意思で体の動きをコントロールできるようになるにつれ消失していく。主な反射は表2-2のとおりである。

### 4) エントレインメント

　新生児にとって慣れた人，普段世話をしてくれる人（親）などが，新生児に語りかけると，語りかけに応えるかのように新生児が体を動かすことがある。この現象をエントレインメントという。

　原始反射やエントレインメントといった新生児がもつ能力の多くは，新生児の特徴と重ね合わせて考えてみると，非常に合理的なものである。たとえば，まだ目がはっきり見えていない状態でも，においを頼りに乳房にたどり着くことができる。口や口唇に触れたものの方向に顔を向け，吸いつくことによって母乳やミルクを飲むことができる。口に入ったものを反射的に吸っても，甘み・苦味がわかることによって，母乳やミルクとそれ以外のものを区別することができる。

　新生児が備えている能力は，生きるために必要不可欠というものばかりではないが，たとえばエントレインメントや生理的微笑のように，母親（養育者）の注意をひきつける効果があると考えられるものがある。無意識的な反応であっても，母親（養育者）の声に同期する動きが起こったり，笑ったように見えたりすることにより，母親（養育者）の働きかけに反応したように感じら

---

■キーワード■　　原始反射→p.191　　エントレインメント　　生理的微笑

表2-2　主な原始反射

| 名称 | 特徴 | 消失時期 |
|---|---|---|
| 吸啜反射 | 口や唇にものが触れると，それを吸う | 3ヵ月ごろ |
| 探索反射 | 口の周りに触れると，その方向に向き口を開く | |
| 把握反射 | 手のひらにものを押し付けると，握る | |
| モロー反射 | 仰向けの状態で急に頭を持った手を離すと，四肢を大きく伸ばし，その後抱きつくようなしぐさをする | |
| 緊張性頸反射 | 顔を一方に向けると，顔を向けた方の手足は伸ばし，反対側の手足は屈曲する | 6ヵ月ごろ |
| 自動歩行 | 抱き上げて足の裏を床につけると，歩くような動作をする | |

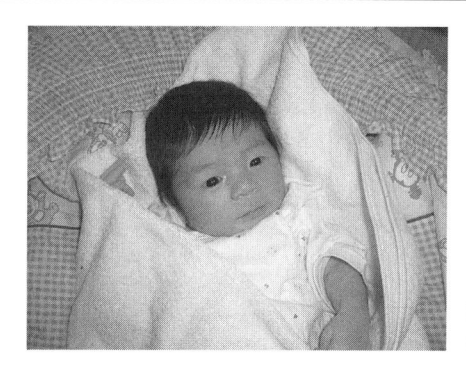

図2-4　生後約2週間の新生児
▶緊張性頸反射が見られる。

れ，母親（養育者）はより新生児に注意を向ける。そのような意味で新生児は有能な存在であり，「生きる力（生き延びる力）」を備えた存在であるといえよう。

## （3）　新生児の変化

　事例を通して生後1ヵ月間の様子を簡単に紹介してみる（表2-3）。
　生後10日までのK児の記録からは，一生懸命母乳を飲もうとしている姿や，カメラのフラッシュに反応し，瞬きをする姿，胎便から乳汁由来の便に変わっていく様子などがうかがえる。しかし，この頃はまだ受身的な存在という印象を受ける。

表2-3　事例　K児の様子　　　　　＊下線は筆者が付した

| 月日 | 生後 | K児の様子 |
|---|---|---|
| 7.23 | 0日 | 生まれてすぐ抱っこした。頭がべったりしていた。頭の形は細長くなっていた。助産師さんによると，もとに戻るそう |
| 7.25 | 2日 | 沐浴指導。手を縮めているので服が脱がしにくい。無理に脱がすと折れそうでこわい。黒っぽいうんちをしている |
| 7.26 | 3日 | うんちが黒っぽいものから黄色いものへ。ヨーグルトみたいなにおいがします。今日から母子同室，おなかがすくとものすごい勢いで口をパクパク。つばめみたい。授乳間隔は1～2時間程度 |
| 7.30 | 7日 | しゃっくりが頻発。放っておいても大丈夫らしいですが，ちょっと心配。カメラのフラッシュで目をぱちぱち |
| 8.2 | 10日 | ねんねの途中，泣き顔になるのはおしっこやうんちをしたときみたい。暑いのかちょっと寝てはえーんと泣きます |
| 8.5 | 13日 | 授乳間隔があかず，飲ませすぎが心配 |
| 8.7 | 15日 | 花火。どーんという音と振動で目を覚まします。びっくりすると，ぱっと体を開いてまた縮めます |
| 8.12 | 20日 | 午前中はほとんど寝ずに足をばたばた。寝る向きがいつも一緒なので，右側がへこんできた |
| 8.13 | 21日 | ときどきあー，くーのような声らしきものを出します |
| 8.17 | 25日 | リンゴの飾りを見せるとしばらく見て，違うほうを見ました |
| 8.23 | 31日 | 遊びなのか？グーにした手をなめています　図2-7 |
| 8.24 | 32日 | 赤いりんごのおもちゃを見て目で追っています |
| 8.25 | 33日 | 心地よい？とウフフフフのような声がでます |
| 8.29 | 34日 | モビールを作る。リンゴをつるして動くようにしました。動くのを見て大興奮 |
| 8.30 | 35日 | モビールを寝ている両脇につるしてみた。動かすと左右に頭を動かして足をばたばた |

　生後2週間から1ヵ月ごろのK児の記録からは，大きな音に反応する姿，赤いもの，動くものに反応している様子がうかがえる。数日ではあるが，意識的な反応も見られるようになり，能動的な存在という印象を受ける。このように生後1ヵ月ほどの新生児の成長・発達は目覚しく，まさに日々刻々と変化していく。

　また，記録からは母親自身もK児とのかかわりの中で，K児の状態を感じ

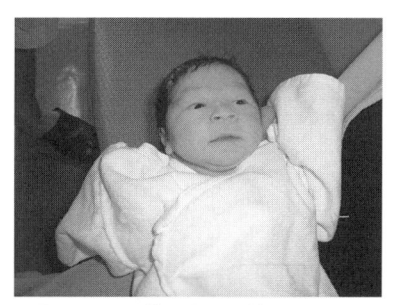

図2-5 生後1時間の様子
▶皮膚にはしわが多く,頭髪は胎脂で覆われている。

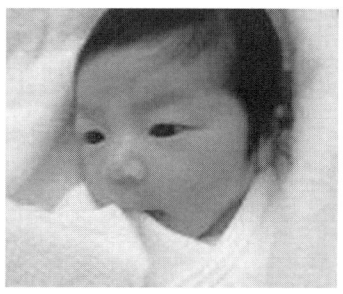

図2-6 生後3日の様子
▶頭の形が丸みを帯び,口唇に触れたものをなめている。

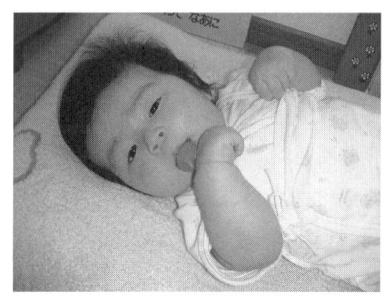

図2-7 生後1ヵ月ごろの様子
▶手を握り,こぶしをなめる遊びをしている。

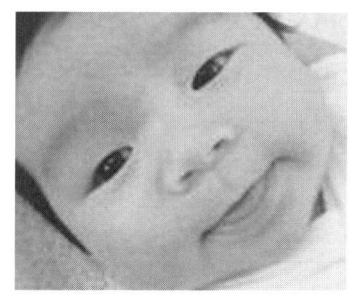

図2-8 生後3ヵ月ごろの様子
▶このころになると,意識的に笑うようになる。

取れるようになり,母親らしくなっていく様子がうかがえる。新生児は母親(養育者)とのかかわりを引き出し,そのかかわりを通して自らも成長・発達していく存在であるといえよう。

## 3. 母と子の出会い

### (1) 赤ちゃんが生まれるまで

実際の人間関係という点では,赤ちゃんが生まれてから相互交渉がスタート

表2-4　親になったと実感したのはいつか
(ベネッセ，2006)

|   | 母親 |  | 父親 |  |
|---|---|---|---|---|
| 1 | 0ヵ月 | 78% | 0ヵ月 | 54% |
| 2 | 1ヵ月 | 7% | 1ヵ月 | 7% |
| 3 | 妊娠中 | 3% | 3ヵ月 | 5% |

することになるが，心理的な意味での母と子の関係は，妊娠が判明した時点からすでに始まっているといえる。

　母親が出産前に子どもの存在を意識するのは，①妊婦健診，②つわり，③胎動を感じたときのような場面である。

　最近の妊婦健診では，超音波やエコーを利用して胎児の様子を視覚的に確かめることができる。また，胎動は母親がコントロールできるものではなく，このことを通して自分とは違う命の存在を強く意識させられることになる。

　ベネッセが父親200人，母親200人を対象に行ったアンケート調査でも，親になったと実感する時期には，父親と母親では違うという結果がでている（表2-4）。

　父親・母親ともに，生後0～1ヵ月の間に親になったという実感がわいたという回答が上位を占めているが，母親は8割以上であるのに対し，父親は6割程度である。このことから母親のほうが早い段階で「母親になった」ことを意識していると考えられる。

　先に述べたように，妊娠から出産までの過程は，女性にとって変化に富んだものである。自らの体の変化に加えて，パートナーや周囲との社会的な関係の変化にも適応していく必要がある。特に体調や体型の変化は，自分以外の存在を宿していることを強く意識することになる。また，胎動などを感じることによって，父親よりも早くに赤ちゃんと出会っているといえよう。

■キーワード■　母と子の関係

## （2） 赤ちゃんとの生活

### 1） 赤ちゃんとの生活

　赤ちゃんが生まれてから，本格的に母親（養育者）との相互交渉が始まる。新生児期の赤ちゃんは，寝て，起きて，おっぱいやミルクを飲んでまた寝て……の繰り返しである。この時期は昼夜の区別もないため，母親（養育者）は赤ちゃんのリズムに合わせて生活することになる。まとまった睡眠をとることができず疲れやすくなるので，機会を見つけて体を休めることはもちろん，家事・育児を分担するなど周囲のサポートも必要である。

　この時期はおむつ交換も頻繁で，多い場合は1日20回以上となることもある。おむつは布おむつや紙おむつがあるが，どちらにも長所と短所があり一概にどちらがよいとはいえない。どちらを使うかよりは，汚れたら交換し，赤ちゃんが快適に過ごせる環境を提供することの方が大切である。

　またこの時期，体温調節機能に関しては恒常性が確立しておらず，周囲の環境に左右されるので，周囲の大人が管理する必要がある。特に，冷暖房による冷やしすぎや暖めすぎには注意が必要である。

　新生児期はおなかの外の世界に慣れるための時期であり，赤ちゃんはさまざまな面で大人と違うために，母親（養育者）も慣れないうちは手間取ったり，不安になったりすることも多い。しかし，大人と違う部分を生かして世話をすることもできる。たとえば，赤ちゃんは，顔を一方に向けると反対側の手足が伸びるという特徴をもっている。着替えの際はまず縮めた方の手に衣類を通し次に反対側を向くようにすれば，手足を無理に伸ばして痛がらせたり，泣かせたりする心配がない。このとき衣類は前で開くことができるものが扱いやすい。また，おむつ交換の際も，無理に足を伸ばしたり，持ち上げたりしなくても，自然に曲がったM字の姿勢のままおなか側に足を近づけてあげれば，自然とおしりの部分が持ち上がる。このように，赤ちゃんの特徴を利用して世話をすることもできる。

---

■キーワード■　赤ちゃんとの生活　相互交渉の開始

## 2) 新生児の気質と母親（養育者）とのかかわり

　新生児は昼夜に関係なく寝たり起きたりを繰り返す。泣いているか，そうでなければ寝ているという感じである。泣きや眠りにも個人差があり，「泣いてばかりの赤ちゃん」「ほとんど泣かない赤ちゃん」「ちょっとした物音で目を覚ます赤ちゃん」「おとなしい赤ちゃん」などさまざまである。こうした個人差を「気質」と呼ぶ。気質とはそれぞれの赤ちゃんが生得的に備えている特徴で，性格として確立される前の段階のものである。育児雑誌などでも，「うちの子，カンが強いの？　おとなしすぎるの？」などのタイトル（ひよこクラブ　ベネッセ　2006年3月号）で取り上げられている。

　トマスとチェス（1986）は，身体的な活発さ，新奇（新しい）刺激に対する反応，気のまぎれやすさ，注意の持続性など9つの次元から気質をとらえている。また，9つの次元の組み合わせから，「扱いやすい子」「扱いにくい子」「エンジンのかかりにくい子」「平均的な子」に分類している。

　「活発な子」「おとなしい子」「扱いやすい子」「扱いにくい子」などの特徴（気質）も母親（養育者）にとっては重要である。たとえば，敏感ですぐ泣いてしまう赤ちゃんよりは，泣かない赤ちゃんの方が，また気がまぎれにくい赤ちゃんよりは，まぎれやすい赤ちゃんの方が母親（養育者）は楽である。しかし，赤ちゃんからのサインを見逃しやすい母親（養育者）であれば，泣いて知らせる敏感な赤ちゃんの方が世話をするタイミングがつかみやすく扱いやすい場合もある。さらに，よく泣く，泣かないなどの感じ方も母親（養育者）の性格やおかれた状況，得られる社会的サポートの質や量によっても異なる。たとえば，出産や育児に対して肯定的にとらえている場合と，否定的にとらえている場合とでは，同じ「泣き」でも受け取り方が違うだろう。たとえば，前者にとってはかわいい「泣き」が，後者にとってはわずらわしい「泣き」に感じられることもある。

　生まれもっての気質において，こうでなければならないというものがあるわけではない。しかしながら新生児の気質が，新生児と母親（養育者）の関係に

■キーワード■　気質→p.190

おいて重要なものであることは確かである。母親（養育者）のタイプと新生児の気質との関係を見極めながら，対処していく必要があるといえる。

## 4．胎児期から新生児期の問題

### （1）胎児期の気がかり

おなかの赤ちゃんに影響のあるものとしては，薬，タバコ，アルコールやエックス線などがあるが，特にタバコとアルコールについては注意が必要である。

妊娠中にタバコを吸うと，ニコチンや一酸化炭素中毒の影響で胎児に十分な酸素や栄養が行きわたらなくなることが知られている。その結果，流産や早産となったり，低出生体重児（生まれたときの体重が2,500g未満）を出産したりする可能性が高くなる。妊婦自身が喫煙しなくても，受動喫煙によってもこれらのリスクが高まるので，周囲の理解と協力が必要となる。

妊娠中の習慣的なアルコールの摂取によっても流産や早産，低出生体重児出産の可能性が高まるとされている。また，過度のアルコール摂取が原因で，生まれてくる赤ちゃんが脳などに異常をともなって生まれてくることもある。

### （2）新生児期の気がかり

#### 1）小さく生まれた赤ちゃん

出生時の体重が2,500g未満の赤ちゃんを低出生体重児という。妊娠40週で生まれてきても小さい赤ちゃんもいるが，出生時の体重はおなかの中にいた期間とも関係しており，低出生体重児は妊娠37週未満で生まれた早産児であることが多い。現在は医療技術の進歩で1,000gに満たない赤ちゃんが健やかに育つこともあるが，身長や体重の増加が緩やかであったり，感染症にかかりやすかったり，運動やことば，知的な面での発達がゆっくりである場合がある。

■キーワード■　母親（養育者）のタイプと新生児の気質　低出生体重児→p.193

おなかの中にいるはずの期間に生まれてきたために，おなかの外で生活するのに十分には成熟していない。そのため3歳ごろまでは，生まれた日を基準とする月齢ではなく，出産予定日から算出した修正月齢を用いて発達の様子をとらえていくほうがよい。

### 2） 乳幼児突然死症候群（SIDS）

　乳幼児突然死症候群とは，それまで元気だった赤ちゃんが窒息などの事故ではなく，眠っている間に何の前ぶれもなく死んでしまう病気のことをいう。SIDSの原因はまだよくわかっていないが，養育環境の中に発症をたかめる因子のあることがわかってきている。発症を減らすための留意点は以下の3つである。

　① あおむけ寝で育てる……うつぶせ寝ではあおむけ寝の3倍ほど発症率が高い。

　② 赤ちゃんのそばで喫煙しない……妊婦自身の喫煙だけでなく，受動喫煙によってもSIDSの発症の危険性が高くなるといわれている。

　③ 母乳で育てる……人工栄養児では，母乳栄養児の4.8倍ほど発症の危険性が高い。

■キーワード■　乳幼児突然死症候群

## コラム2：出生前診断

　出生前診断ということばを耳にしたことがあるだろうか。出生前検査・診断とは，主に妊娠期前半に胎児由来の細胞を採取し，異常の有無を調べる検査・診断を指す。細胞の採取の方法は，絨毛（じゅうもう）採取法と羊水穿刺（ようすいせんし）法があるが，後者の方が一般的である。これらの検査・診断は，胎児に何らかの異常が起こる可能性の高い妊娠で，異常の有無を確認することにより不安などを解消することを目的としている。したがって，妊娠時の定期健診（妊婦健診）等の超音波を使った検査による性別の判定といった検査とは質的に異なる。検査・診断には母体や胎児に対して流産などの危険性を伴うこともあり，出生前検査・診断は選択の１つではあるが，安易に扱える問題ではない。

　「遺伝学的検査に関するガイドライン（日本遺伝カウンセリング学会ほか10の学会等　平成15年８月）」によれば，胎児に何らかの異常が起こる可能性が高い妊娠とは，これまでに染色体異常症に罹患した児を妊娠・分娩したことがある場合や，高齢妊娠などの場合である。高齢妊娠は35歳以上での妊娠を指すことが多く，この年齢から統計的に染色体異常発生の危険率が高くなるためである。女性の社会進出・高学歴化にともなう晩婚化を背景に，第一子の出産年齢も上昇してきている。年齢的な制約から子どもを一人しか生めない場合などに，こうした検査を希望する夫婦もある。異常が確認された場合には当事者の判断にもよるが，人工中絶が行われることも多く，倫理的・社会的問題を無視することはできない。

　生まれてくる子どもにできるだけ不自由な思いをして欲しくないというのは，親にとって当然の気持ちであろう。障害があるということは，社会の中でまだまだ不自由をする現実があるからこそ，そのような思いは生まれてくる。命を選別するという「選択」をしなくてはならない現実があるという事実は，保育者になる人たちには，ぜひとも考えていただきたい問題である。なぜなら，福祉や人権，個人の尊厳を守るといった感覚は，大人になってから頭でわかるものではないように筆者は感じるからである。保育者は未来を担う人材を育成する立場にあり，未来は今の子どもたちがつくる。ごく自然に福祉や人権といったものに触れながら育った子どもは，きっと誰もが生まれてきたことを喜べるような社会，本当の意味でのともに生きる社会を実現する力をもつ。一人ひとりが大切にされることの意味，人権や個人の尊厳が守られることの大切さを，子どもたちに伝えていって欲しいと思う。

# 第3章

# 乳 児 期

　生まれてから1ヵ月を経過すると，それまでの原始反射や自発運動などの原初的な反応から徐々に抜け出て，より適応的な行動が増えてくる。人は生後1年の間に，立つ，歩く，話すなど人間特有の文化的で機能的な様式を身につけていく。本章では，乳児の知的活動，身体運動機能の発達，養育者とのかかわりから乳児が世界を広げていく過程を概観し，乳児期の特徴を明らかにしていく。

## 1. 有能な赤ちゃん

### (1) 乳児の知覚

　乳児は何もわからず，ただ人からの世話を受けて生きていく受動的な存在というわけではなく，自分のもっている能力を最大限に生かして自ら周りの環境に積極的に働きかけ，外界を認識しようとする，能動的な存在である。
　まずものを「見る」という行動は，どのように発達していくのだろうか。
　サラパテックらの研究では，生後1ヵ月児と2ヵ月児の図形を見るときの視線の動きを比較すると，1ヵ月児は図形の輪郭の一部に視線が集まるが2ヵ月児になると輪郭の特徴的な部分に視線を順次動かしていくようになり，月齢が上がるにつれてより組織的に，探索範囲が広がり滑らかになっていくことが明らかになっている。
　それでは，乳児はどれほどの視力があるのであろうか。新生児は30センチメートルの距離で，約0.03から0.04の視力があるといわれている。乳児期については，生後2ヵ月児は0.01，6ヵ月児は0.04〜0.08，2歳児でも0.5〜0.6ほどである。大人のようには，はっきりと物が見えているわけではないのである。
　また，乳児はいろいろな図形の中でも単純な図形より複雑な人の顔のような図形を好むことが，ファンツの選好注視法という方法を用いた実験から明らかになっている（図3-1）。
　特に顔については，生後1ヵ月児は，頭部やあごなどの顔の周辺部を注目するのに対し，2ヵ月児になると目や口などの中心部を見つめるようになり，さらに，その後は目をよく注視するようになる（図3-2）。高橋の研究（図3-3）では，3ヵ月児は人の顔の中の目，鼻，口の配置がきちんとしていれば，平面，立体どちらにも微笑するが，複雑さは同じであってもランダムに並んだ

■キーワード■　ファンツ→p.195　選好注視法→p.193

第 3 章　乳児期　　47

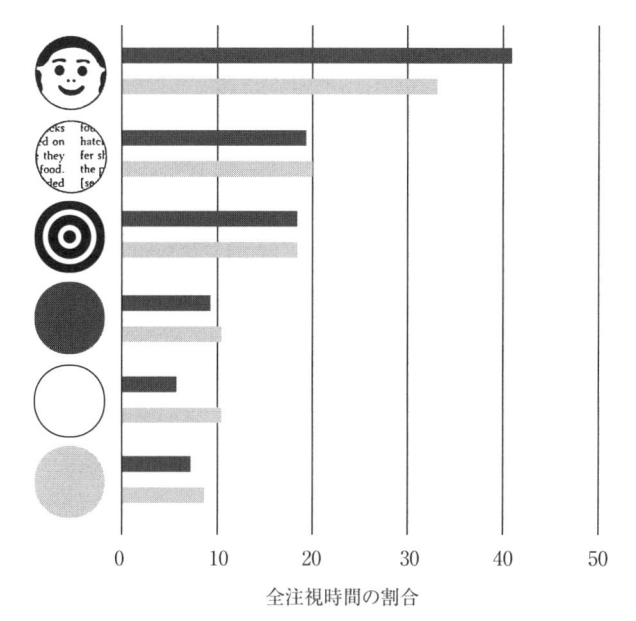

**図 3-1　ファンツの実験**（バウアー，1980）

▶左側の提示物が示されている時にそれぞれを見ていた時間の割合を示している。（下の三つは赤，白，黄の円になっている。）濃い棒線は 2～3 ヵ月の赤ん坊の場合であり，薄い棒線はそれより年長の赤ん坊の場合を示す。

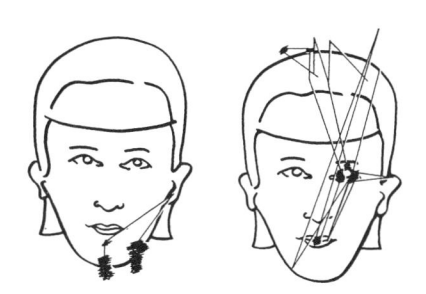

**図 3-2　赤ちゃんの視線**（マウラ，1992）

▶ 1 ヵ月児（新生児も同じだと思われる）は生え際や顎の 1 点か 2 点を見つめていることが多く（下左），2 ヵ月児（下右）の視線は全体に動いている。（この絵は，ひとりの赤ちゃんの片方の目の75秒間の動きを示す。）

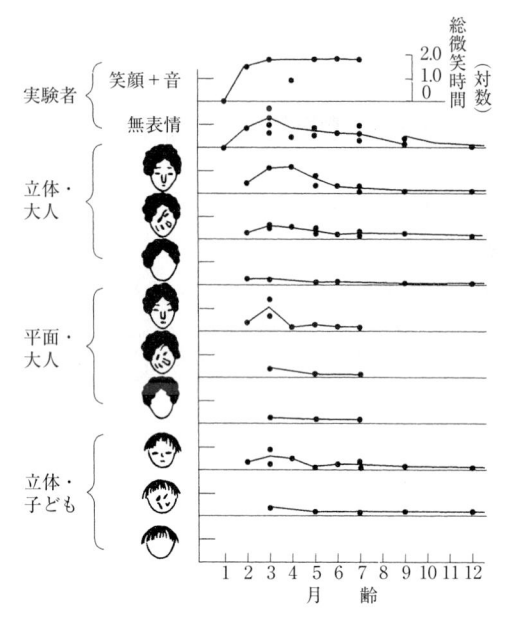

図 3-3　乳児の微笑反応の生起（高橋，1974）

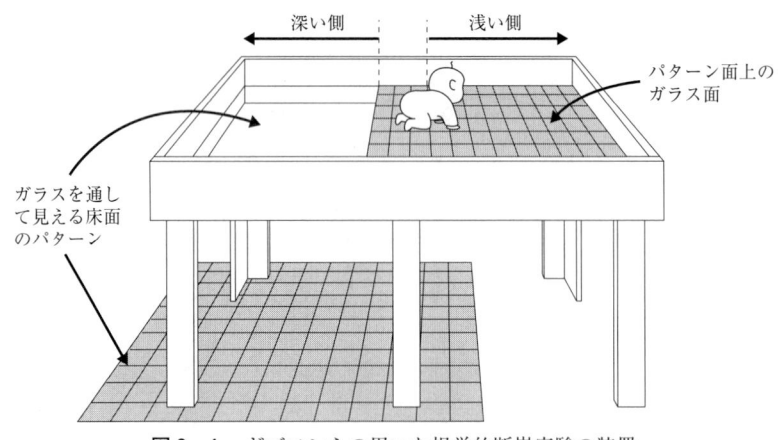

図 3-4　ギブソンらの用いた視覚的断崖実験の装置
（ギブソン，1984）

要素の顔には微笑しないことがみられている。5ヵ月を過ぎると，生身の笑いながら話しかける人にだけ微笑するようになり，その他の平面，立体の刺激や，無表情，無言の生身の人にも微笑しなくなる。

　人はいつごろから奥行きを意識することができるのであろうか。ギブソンとウォークは視覚的断崖という装置を用いて，乳児の奥行き知覚を調べた（図3-4）。装置の中央板の上に乳児を置き，母親が呼びかけるという事態での乳児の行動が観察された。ハイハイのできる乳児では，浅い方から母親が呼びかけた場合にはそちらへほとんどの者が移動したが，深い方からの呼びかけに対しては，断崖のところで，ためらったり，泣いたりして，そちらの方へ移動する者はほとんど見られなかった。このことから，乳児が深さを認識し，それを恐れていることがわかる。

　またキャンポスらは，心拍数の変化を指標に調査したところ，ハイハイのできない2ヵ月児であっても，深い側に対しての心拍数の減少が見られ，このころから奥行知覚は発達していることがわかった。

### （2）　乳児の知的活動

#### 1）　乳児の思考

　私たちは，多少ともむずかしいことを考える時にはことばを使っている。だが，まだことばを獲得していない乳児は，物事を考える時にどのようにするのであろうか。乳児は目や耳などの遠受容器からの情報や唇，手などの感覚運動の働きによって，外界を認識する。認知的能力の面から発達段階を考えているピアジェは，この頃を，感覚・運動的知能の段階と呼んでいる（p.17参照）。

　これは次のような6段階に分かれる。

(1)　反射的な活動，反射的なシェマの使用（生後1ヵ月まで）。

　生まれながらにもっている原始反射をシェマ（諸々の活動の構造ないし組織）として用いて，外界とかかわる。たとえば，吸啜反射により，乳を吸ったり，把握反射によって物をつかんだりする。同化（既存のシェマによって外

---

■キーワード■　ギブソン　視覚的断崖→p.192　ピアジェ→p.195　シェマ　吸啜反射　把握反射　同化

界の新しい情報を自分の中に取り入れる働き）と調節（新しい情報によって，自分の既存のシェマを変化させて外界に適応していく活動）のめばえが見られる時期である。

(2) 最初の適応行動の獲得と第一次循環反応の成立（生後1～4ヵ月）。

目的と手段が未分化なため，活動自体に興味が向けられた形での循環反応が生じる。これは主に自分の身体を用いた反応で，たとえば，偶然自分の両手が触れて音が出ると，それが面白くて，手の触れた感触と音の聞こえという2つが結びついた手をたたく動作を何回も繰り返すようになる。同化と調節が分化してくる時期である。

(3) 第二次循環反応の成立，目と手の協応（生後4～8ヵ月）。

目的と手段が分化してきて，行為そのものではなく，それによって生じる外界の変化にも興味をもつようになる。目と手の協応が発達する。自分の身体だけではなくおもちゃなど物を介した活動が見られるようになる。たとえば，偶然に起き上がりこぼしやがらがらに触れ，それが動いて音が出ることを知ると，それを何回もたたいたり，ティッシュペーパーの箱から中身をどんどん取り出したりして遊ぶ。

(4) 2次的シェマの協応，目的と手段の分化，物の永続性の理解（生後8～12ヵ月）。

目的と手段が分化し，ある目的に適した手段が選択できるようになる。進行中の出来事の結果予測が可能となる。たとえば，目の前でおもちゃを座布団の下に隠すと，座布団を動かしておもちゃを手に入れることができる。これは見えなくても物はそこに存在していることがわかってきたことで，物の永続性が理解されてきたことを意味する。

物を見たり，触ったりできなくてもどこかに存在し続けていることがわかる場合を物の永続性を理解しているという。生後4ヵ月以前では物が見えなくなると，もうそれ以上探そうとはしない。4ヵ月を過ぎると，物の一部が見えていればそれを手がかりに発見することができる。そして，6から8ヵ月ごろに

■キーワード■　調節　協応　物の永続性

なると，隠されたものを探し出せるようになる。ただ，このころには，隠される場所が目の前で移動するのを見せられても，もとの場所を探し続ける。移動した物が探し出せるようになるのは1歳半ごろからである。

生後6ヵ月ごろから，「いないいないばあ」をすると喜ぶようになるのは，人の顔が視界から消えたことと手の後ろにはそれが存在していることがわかってきたためである。

(5) 第三次循環反応の成立，能動的探索・試行錯誤による新しい手段の発見（12～18ヵ月）。

目的を達するためにさまざまな手段を試みるようになる。やり方を変えたりして，対象の様子を観察し，その性質を調べ，試行錯誤により新しい方法，手段を生み出す。たとえば，じゅうたんの上にある物を取るのに，はじめのうちは直接取ろうとするが，偶然じゅうたんの端をつかむと少しその物が動いたのを見ると，少しずつじゅうたんを引き寄せて物を取ることができる。

(6) 感覚運動的知能の完成，シェマの内面化，洞察的課題解決の始まり（18～24ヵ月）。

試行錯誤的に実際にやってみなくても，いくつかの方法を頭に思い浮かべることにより新しい手段を発明できる。たとえば，マッチ箱をしばらくじっと見ていて，手に取った途端に開けることができる。

このピアジェの感覚運動的知能の段階は，ブルーナーの行為的表象，及び映像的表象の初期の段階にあたる。

## 2) 乳児の記憶

乳児はどれぐらいの期間，記憶を保持できるのであろうか。

ロビー・コリアらは乳児に，次のような実験を行なった。ベッドの上の天井にリボンを結びつけたモビールを吊るし，そのリボンをベッドに横たわっている乳児のくるぶしに結びつける。乳児がベッドで足を蹴る動作をすると，その動きはリボンを通してモビールに伝わり，モビールが動く。乳児は足の動きとモビールとの関係を学習し，蹴る回数が次第に増加していく。その後，記憶の

■キーワード■　ブルーナー

保持を調べるために，日を置いて乳児の反応をみる。その結果，2ヵ月児では3日，3ヵ月児では1週間，6ヵ月児では2週間保持していることが見られ，月齢が上がるにつれて，記憶の保持率も伸びることがわかった。

## 2．身体と運動の発達

### （1）身体の発育

乳児期の発達は脳神経系の成熟と関連しており，頭部は胴体よりも先に，頭部から脚部への方向と身体の中心部から周辺部への方向に順に発達していく。たとえば，首がすわり，お座り，ハイハイ，つかまり立ちを経て歩けるようになり，また，肩，肘，腕，手首，手，指先の順に巧緻性は増していく。

出生時の子どもの平均身長は50センチメートル，体重は3キログラムである。標準値は男児の方が女児よりもやや大きい。身長については生後1年で出生時の約1.5倍となる。体重については，出生後の約1週間，授乳がうまくいかなく，摂取量よりも尿，便などの排出量や体脂肪の消費量などの方が多いために体重が減少する生理的体重減少がみられるがその後は増加し，3，4ヵ月で出生時の約2倍，生後1年で約3倍となる（図3-5）。

骨の発育は身体の発育を知るための1つの指標となる。骨年齢は一般的に手根部の化骨の程度によって決める。生後1年間に2，3個の化骨核があらわれる。4歳は4個，5歳は5個というように9歳までは年齢と化骨数とは一致しており，12歳までに10個すべてがそろう。

新生児の脳の重量は約350グラムで，生後1年で出生時の約2倍となる。脳の神経細胞数は約120億から140億個あり，これは成長と共に増加するわけではなく，かえって老化によって減っていくと考えられている。

神経細胞の細胞体からは軸索を芯とした神経線維と樹状突起が伸びている。軸索は胎児期後半から，出生後にかけて，次第に髄鞘で覆われてくる。また，

■キーワード■　生理的体重減少　化骨

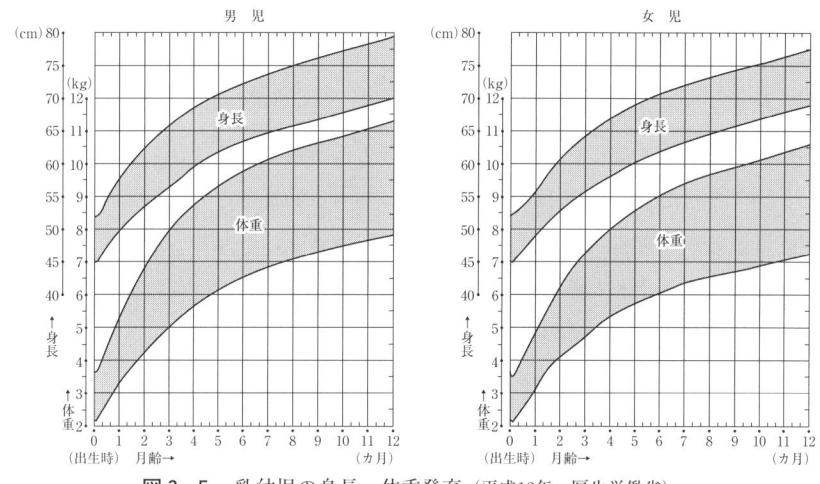

**図3-5 乳幼児の身長・体重発育**（平成12年，厚生労働省）

樹状突起は周囲の神経細胞の樹状突起と複雑に絡み合っていき，神経ネットワークを形成する。これらによって，脳は重量を増し，機能的に発達していく。

## （2） 運動機能の発達

新生児は首がすわっていない。生後1ヵ月で少し頭を上げ，2ヵ月では腹ばいで床面との角度が45度，3ヵ月では90度頭を上げることができるようになり，首がすわる。4ヵ月で腹ばいで胸を床から離して体を維持できるようになる。6ヵ月で寝返りが，8ヵ月でひとり座りが，9ヵ月でつかまり立ち，ハイハイができるようになる。10, 11ヵ月で伝い歩き，ひとり立ちができ，1歳を過ぎるとひとり歩きができるようになる。この移動運動の発達には個人差があり，たとえば早い子どもでは10ヵ月頃から歩くことができるようになる。

手指運動については，手に関しては生後2ヵ月児では，把握反射がまだ見られる。また毛布の端などをつかんだり，ひっぱったり，手でつかんだ物を口に持っていくようになる。3ヵ月になると，仰向けに寝ながら，両手を近づけた

り，遠ざけたりしてじっと見たりというハンドリガードが始まる。また，物を掃くようにして身近に持ってこようとする。4ヵ月になると，物に手を伸ばしてつかまえようとするリーチングがはじまる。6ヵ月ごろから手のひら全体で物をつかむようになる。また，物を反対の手に持ちかえることもできるようになる。7ヵ月では左右の手で同時に物をつかめる。重さを考慮して腕の緊張を変えることができる。8ヵ月で親指と他の指で物をはさんでつかめるようになり，10ヵ月で親指と人差し指でつかめるようになる。乳児はこのような身体運動面の発達により，自分の探索世界を広げていく。

## 3. 愛着の発達

### （1）愛着とは何か

人や動物が特定の対象に対して起こす強い情緒的結びつきのことを愛着（アタッチメント）という。乳児が愛着を感じる対象は，多くの場合養育者である母親である。

以前は，母親が子どもの空腹という生理的欲求を満たす授乳の機能をもっているために，子どもは母親に愛着を感じるのだと考えられていた。しかし，これについては，比較行動学的な研究から疑問が投げかけられた。

ローレンツはガン，カモなどのヒナが孵化した直後に見た，自分より大きく動く対象に追従し，しかもその短時間の体験は生涯持続し続けることを見出し，それをインプリンティング（刻印づけ）と名づけた。生理的欲求が充足されない場合でも特定の対象に追従していくのである。

ハーロウは，赤毛ザルを用いた実験から心理的な安心感は身体接触によって得られるというスキンシップの重要性を指摘した。彼は生後すぐに母親から離した8匹の赤毛ザルを2グループに分け，それぞれ1匹ずつ図3-6のような布製と針金製という2種類の代理母の下で165日間育てた。どちらか片方の代

---

■キーワード■　愛着（アタッチメント）→ p.189　ローレンツ　インプリンティング（刻印づけ）→ p.191　ハーロウ→ p.194

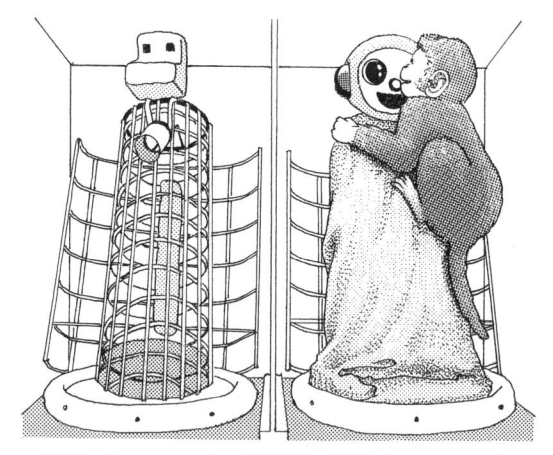

図3-6 ハーロウの代理母の実験 (Harlow, 1958)

理母から，子ザルはいつでも授乳できるようにし，そこでの子ザルの各代理母との接触時間が測定された。その結果，布製母から授乳された子ザルだけではなく，針金製母から授乳された子ザルまでも，1日のうちの多くの時間を布製母と過ごしている様子がみられた。また怖い思いをさせた場合，どちらの代理母から授乳された子ザルも，布製母のところへ逃げていき，しがみつくことが多く見られた。空腹という生理的欲求を満たしてくれる対象より，やわらかな感触を与えてくれる対象の方が，子どもにとっては安心感を与えてくれるものであることが示されたのである。

　ボウルビィはこれらの比較行動学的な知見から，人間の子どもには生得的に大人への接近や接触を求める傾向があり，また，たとえば大人の側にも子どものもつ小さく丸みを帯びた姿に養育行動が触発されるなど生得的に子どもに接近し保護しようとする傾向があり，この両者の行動の絡みによって子どもの特定の人（多くの場合は母親）への結びつき，愛着はつくられていくと仮定した。そして，この特定の人への愛着が元になり，後々の人間関係が形成されていくと考えた。

　当時の乳児院や孤児院などの施設で育てられた子どもに，家庭児より多く身

■キーワード■　ボウルビィ→p.196　代理母

体，精神面の発達障害や遅れが見られることが発見され，これはホスピタリズム（施設病）と名づけられていた。その原因は施設の設備，衛生面の管理等の物理的環境であると考えられていたが，ボウルビィはむしろ，微笑みかけたり，抱き上げたりする保育者との温かい交流の欠如，母性剥奪にあると考えた。現在ではそのような施設では改善策が取られ，このような事態はほとんど見られないが，逆に家庭内での不適切な養育に当てはまるケースが見られるようになってきている。

### （2） 愛着行動の発達

愛着はさまざまな種類の行動によって示される。愛着行動には定位行動，信号行動，接近行動の3つがある。定位行動とは，たとえば，注視する，つかむ，手を伸ばす，後追いする，接近するなど母親の所在を知ることができる行動である。信号行動とは，たとえば，泣き叫ぶ，微笑する，喃語を発するなど母親の関心を得ようとする行動で母親を子どもの方へ引き寄せる効果がある。接近行動とは，たとえば，よじ登る，抱きつく，しがみつくなど子どもを母の方へ近づける効果のある行動である。ボウルビィはこの愛着行動の形成過程を4段階に分けて考えている。

(1) 人物弁別を伴わない定位と発信（出生～生後12週頃）。

人に対して特別な行動はとるが，特定の人を他の人と見分ける能力はもっていない。前愛着段階である。たとえば，泣いたり，注視したりといった愛着行動はとるが，特定の人に対してではない。

(2) 一人（または数人）の弁別された人物に対する定位と発信（12週頃～6ヵ月頃）。

主に，母性的な人物（母親）に対してより多く愛着行動を示す。特定の人が自分を安心させてくれることが理解できてきた愛情形成段階である。

(3) 発信ならびに動作の手段による弁別された人物への接近の維持（生後6，7ヵ月頃～2歳頃）。

■キーワード■　ホスピタリズム→ p.196

明瞭な愛着段階で，誰に対しても示していた親密な反応が減り，母親に対して他の人と区別した行動が見られる。たとえば，外出する母親を後追いする，母親を安全基地としての探索行動が見られるようになる。一方で見知らぬ人に対しては警戒し，怖がる。このころ，家族などの身近な人物は二次的愛着対象となってくる。人見知り（8ヵ月不安）はこの時期に見られる現象である。

(4) 目標修正的協調性の形成（3歳頃～）。

母親の気持ちや行動を予想して，それに応じて自分の行動を変化させてお互いに協調的にかかわるようになる。

養育者（母親）に養育されていく中で，安定した愛着を形成した子どもは，自分は母親に愛されている，世の中は信頼に値するという表象を形成していく。反対に，不安定な愛着状態の子どもは，自分は母親に愛されていない，世の中から自分は受け入れられていないという表象を形成する。このような子どもの心の中に形成された愛着対象と自己に関する認知的な表象をボウルビィは内的ワーキングモデルと呼んだ。良い表象が形成されている場合には成長してからも良い人間関係をつくるよう積極的に行動できるようになるが，その逆の場合には，人との関係をもつことに消極的になったりすると考えられている。

ボウルビィが，母親というただ一人の人への愛着関係を基に，その後，父親，祖父母，きょうだい，友だちへと愛着関係を増やしていき社会化が進むと考えているのに対し，ルイス（2007）は母親という一人の人との関係からのみ影響を受けるのではなく，子どもは最初から母親を含んだ，父親，祖父母，きょうだい，友だちといった広い，多様な社会的ネットワークの中でそれぞれの対象との相互作用を行いながら関係を形成していくと考えている。

## （3） 愛着の個人差

### 1） ストレンジシチュエーション法

エインズワースは，愛着行動をとらえる指標としてストレンジシチュエーション法を考案した。これは　初めての場所，見知らない女性との接触の場面

■キーワード■　後追い→p.189　人見知り　8ヵ月不安→p.195　内的ワーキングモデル→p.194　エインズワース→p.190　ストレンジシチュエーション法→p.193

で，乳児が養育者（母親または父親）と分離したり，再会したりした時に乳児が示す愛着行動のパターンを見るものである。

手続きは次のとおりである（養育者が母親の場合）。
1．実験者は母子をプレイルームに案内し，退出する。
2．子どもは室内にあるおもちゃで遊ぶ。母親は椅子に座り，それを傍観する（3分）。
3．ストレンジャー（見知らぬ女性）が入室する。母親とストレンジャーは子どもを傍観する（3分）。
4．母親は退出し，ストレンジャーは子どもに近づき，働きかける（3分）。
5．母親が入場し，ストレンジャーは退出する（3分）。
6．母親も退出する。室内には子どもがひとりになる（3分）。
7．ストレンジャーが入室する。子どもに働きかける（3分）。
8．母親が入室し，ストレンジャーは退出する（3分）。

エインズワースは，母親との分離場面における回避行動と再会場面における抵抗行動のパターンにより，子どもの個人差を3つのタイプに分類した。

(1) A型（回避型）：
母親を安全基地として活用することなく一人遊びをしている。遊びの内容は貧弱である。母親との分離場面では，情緒的に不安定になったり，抵抗行動を示すことがない。再会場面でもそれほど喜びを表さない。

(2) B型（安定型）：
母親が同室であれば積極的に探索行動ができる。また，ストレンジャーに対しても友好的に接する。母親との分離場面では多少動揺するが，分離後の再会場面では母親に自分から近づき，接触することにより安心する。そしてその後の遊びや母親との交流にスムーズに移れる。

(3) C型（両極型）：
母親を安全基地として活用しておらず，遊びの内容が貧弱である。母親が退席すると，泣き出し，再会後も身体接触を求める一方で母親に対してたたくな

■キーワード■　愛着の行動パターン

ど怒りをぶつける。

　この他に，最近ではこの中におさまらないタイプとしてD型（無秩序・無方向型）が加えられている。顔を背けながら親へ接近する，再会の場面では親を迎えるためにしがみついたかと思うとすぐに床に倒れこむような行動をとるなど無秩序な行動が起こる場合である。

　A型の母親の特徴は子どもに対して拒否的に振る舞い，かかわり方も積極的ではない。そのため，子どもは自分から積極的に振舞うと，かえって拒否されてしまうと考え，消極的な接近法をとっていると考えられる。

　B型の母親は子どもに対して応答的で，適切にかかわることができるので，子どもは母親に対して信頼し，安心感，自信をもって行動することができる。

　C型の母親は，子どもからのサインに応答的に反応はするが，あまり敏感でないために，子どもは母親に対して，情動や行動面でより強く自分を表現することになる。

　D型の母親については，はっきりとしたことはまだわかっていない。精神的に不安定であり，日常的に子どもに対して虐待などの不適切な養育をしている場合が多く，子どもがおびえて心が不安定となっていることが考えられる。

### 2）移行対象

　子どもは，人に対してだけでなく，タオルやぬいぐるみなどに対して愛着を示すことがある。就寝時にタオルを顔に押し当てて寝ていたり，いつも人形を抱きかかえている乳児を見たことがあるだろう。このように，毛布やぬいぐるみなど，乳児が肌身離さず所有していてそれが無いと不安がる物のことをイギリスの児童精神分析医のウィニコットは移行対象と名づけた。

　伊原によると，移行対象には3つの側面がある。第一には子どもは主観的にはその対象を生きている物と感じているが，一方では客観的に無生物であることもわかっている。第二に移行対象は子どもが母親との分離にかかわる時に現れてくるもので不安を和らげる手段として用いられる。第三にこれは子どもが欲求のおもむくままに活動していた快楽原則に従っていた時期からさまざまな

■キーワード■　移行対象→ p.*189*

社会的な制約に気づき、現実原則に従うようになる時期への移行期に表れるものである。

　欧米の子どもの約60〜70％、韓国、中国では約16.5〜18.5％、インドやアフリカのガボンでは0.1％、そして日本では約30〜40％が所有している。日本ではこの移行対象の所有率は年々増加の傾向にある。

　これは育児法とかなり関係がある。授乳様式と就眠様式との関連を調べた遠藤の研究によると、以下のようなことがわかっている。

　移行対象をもっている子どもは、①人工乳で育てられている、②授乳が3時間おきなど子どもの要求とは関係なく規則的である、③子どもが母親と同室や添い寝されることなく、ひとりで寝ている場合が多い。さらに、移行対象をもっていない子どもは、①安定して長期間母乳での授乳が行なわれている、②子どもが要求した時に授乳する欲求充足型である、③母親が添い寝をしている場合が多い。

　この移行対象は、母親不在時の心の拠り所として機能しており、これをむやみに取り上げることは、かえって心理的に不安定な状態を引き起こすことになるので慎重に対応する必要がある。

## 4．ことばの前のことば

### （1）　前言語的コミュニケーション

　1歳の誕生日前後に、子どもは初めて意味のあることばである初語を話せるようになる。ことばを発するまでの準備期間は前言語期と呼ばれる。この約1年間に、ことばの前提となるさまざまなコミュニケーション能力を発達させていく。

　泣き、喃語、指さし、身振り、模倣などはことばを話すことのできない乳児が人との意思の疎通に用いる手段である。ここではこのうち、泣き、喃語、模

---

■キーワード■　　喃語→ p.194　　指さし→ p.196　　模倣

第3章 乳児期　61

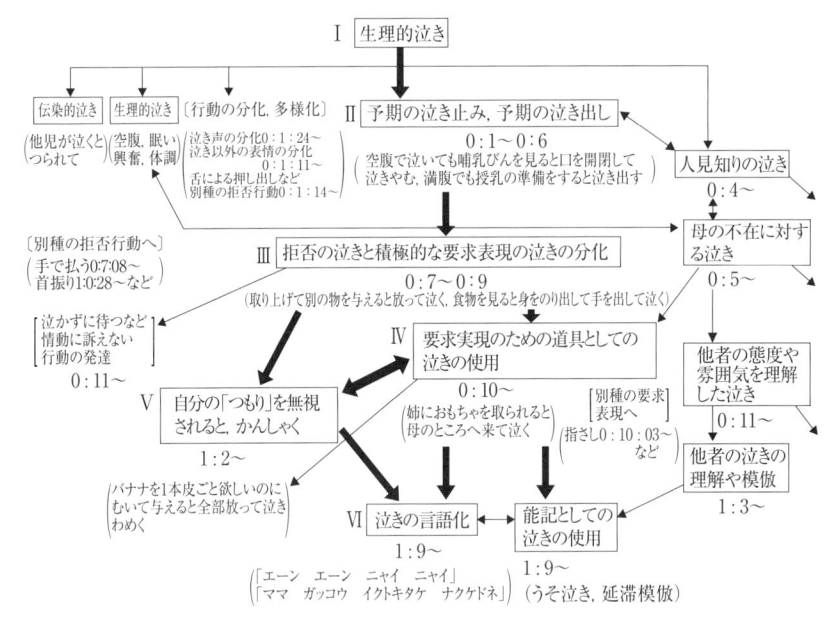

図3-7　泣きの機能的変化の図式（山田，1982）

做の3側面から前言語期を見ていく（指さしについては第4章を参照）。

　新生児期には，空腹な時，眠たい時，興奮した時，退屈な時，体調不良の時など不快な状態の時に泣く「生理的泣き」や，他の乳児が泣いている声を聴くとつられて泣く「伝染性の泣き」が見られる。生後1ヵ月から6ヵ月の頃には次に起こることが予想されて泣く「期待の泣き」が見られるようになる。

　また，この頃から泣き声が分化してきて，空腹，オムツがぬれていて不快，眠い，体調不良などの時の泣き方がそれぞれ変わってくる。大人はその声音により，より適切な対応ができるようになる。生後6，7ヵ月頃から「欲求の積極的表現としての泣き」が始まる。そして，10ヵ月頃から「要求をかなえる道具」として泣きを利用するようになり，たとえば，転んで，痛くもないのに大げさに泣いて，抱きかかえてもらおうとしたりする（図3-7）。

　生後1ヵ月を過ぎた頃から，特に機嫌の良いときに乳児は積極的に声を出す

■キーワード■　泣き

ようになる。初期は「アー」「ウー」などの単音であるが（クーイングと呼ばれる），3～4ヵ月頃から「ママ」「ルルル」などの発声が出てくる（過渡期の喃語）。7ヵ月頃からは，「ナンナン」「ダイダイ」などの〈子音＋母音〉の音声言語の基本単位を備え，複数の音節からなることばの繰り返しが始まり，規準喃語と呼ばれている。同じ音節が繰り返されることから反復喃語ともいう。さらにその後，「ウグー」などの異なった音が組み合わされた発声になる。この意味不明の非叫喚音声からなる喃語は，乳児にとってはことばを話すための発声練習となる。また乳児は発声すること自体を遊びとして楽しみ，さらにこれを人と触れ合う手段として用いる。初期にはその発声は万国共通で，どこの国の子どもでも同じような発声をしているが，徐々にそれぞれの母国語に近い発音に変化していく。

　模倣も，ことばを話す以前の子どもはコミュニケーションの手段の1つとして用いる。これは生後7，8ヵ月頃から現れる。模倣には動作模倣，音声模倣，音声と動作の模倣がある。たとえば，「バイバイ」といった場合，相手が言った音声をまねした場合が音声模倣，「バイバイ」と言いながら手を振る行動をまねした場合が音声と動作の模倣である。子どもが「バイバイ」といった場合，まだ意味がわからず，ただまねをしているだけの状態（模倣）から，意味がわかって使っている状態（ことば）への変化は突然にやってくる。これは外観からはわからない。しかし，本人にとってはその前後では大きな違いがある。幼少時にかかった病のために，聴力，視力を失い，そのために話すこともできないいわゆる三重苦のヘレン・ケラーがはじめて「ことば」を獲得した時の逸話（井戸水が彼女の手に勢いよくかかった時にサリバン女史が water と彼女の手に綴り，彼女が指文字と流れ落ちる水との関係を理解した瞬間）はちょうどその時の子どもの状況と似ている。サリバン女史は「（その時に）すべての物は名前をもっていることと，指文字が自分が知りたいすべてのことへの手がかりになるということを学んだのです」といっている。

　このような準備段階を経て，子どもは1歳頃から意味のあることばを話しは

■キーワード■　規準喃語

じめる。

### （2） ことばを育てる人的環境

　子どもはまだ話せないので何もわかっていない，何を言っているのかわからない，と思い，大人が子どもにことばがけをしなかったり，世話をしてあげなかったりすると，静かな反応の乏しい子どもになってしまう。まず，子どもに積極的に働きかけることが大切である。オムツ交換，授乳などの時にしっかりと子どもの目を見て，ことばがけをする。ファンツ，高橋の研究の箇所でも述べたように，子どもは人の目に特に興味をもつ。無言で対するのでは，人の顔が描かれている絵を見ているのとなんら違いがない。

　次に，子どもがなにかを訴えている時にはそれにすぐに応じることも重要である。生まれたばかりの頃はたとえば授乳される時でも，養育者（母親）が授乳してくれているとは思っていない。欲すると環境が変わり，欲求が満たされると思っている。自分が環境に働きかければ環境は応えてくれる，この思いが積極的に外界にかかわろうとする子どもを育てることになる。反対に，環境に働きかけてもなにも変化しないとしたら，子どもは働きかけても無駄であると思い反応を示さなくなってくる。

　養育者（主に母親）が乳児に対して語りかける話し方には，大人と会話するときと異なり，しゃべるテンポがゆっくりで，高いトーンで語りかける，抑揚（イントネーション）が大きく，短いことば，同じことばを何度も繰り返すという特徴がある。この養育者が日常的に語り掛ける独特のことばがけは総称してマザリーズと呼ばれ，乳児にとっては聞き取りやすく応答しやすい話し方である（志村）。このような語りかけが乳児の発声を引き出し，ことばの発達を促進することになる。

---

■キーワード■　マザリーズ

## コラム3：育児法の変化―乳母車（ベビーカー）の扱い方から―

　乳母車（ベビーカー）の前輪が電車のドアに挟まれ，そのまま発車した電車に引きずられたという事故が何件か続けて起こった事がある。また最近は，バスの中に乳母車の置き場所を確保する動きもある。前者は安全管理体制の見直しが指摘された事故であり，後者はバリアフリーの観点からの対策ではあるが，これはまた，別の見方をすることもできる。つまり，最近の母親は乗車するときに乳母車をたたまないのである。

　ひと昔前の母親たちは，車両には乳母車をたたんで乗り込み，子どもをひざの上に抱いて着席していた。子どもはそこで母親と身体的に触れ合いながら母親とのやりとりの時間がもてた。最近の母親は乳母車を自分の身近に置き自分だけが着席している場合が多い。母子の身体的な接触の機会が，以前に比べかなり減っているのである。

　山口の調査では，母親が子どもとのスキンシップを取っているほど子どもの衝動性が低いこと，幼少期のスキンシップはその後の心の健康にも関係していることが見出されている。まず衝動性に関しては，乳幼児をもつ母親に子どもとのスキンシップのとり方，子どもの性格，行動について尋ねた結果，母親がスキンシップをとっているほど，子どもは突発的にヒステリックに泣くことが少ない，かんしゃくを起こさないなど，情緒が安定していることが見られた。特に母親が子どもをよく抱くほどその傾向は強かった。また，乳児期のスキンシップと高校生になった時の攻撃性，特にキレる感情（衝動的に攻撃する傾向）との関係についての調査では，乳児期にスキンシップが少なかった者ほど高校生になった時にキレやすい傾向があることがわかった。心の健康に関しては，幼少時に両親とのスキンシップが少なかった大学生は多かった大学生よりも人間不信や自閉的傾向が高く，自尊感情が低いことがわかった。山口は最近の青少年による暴力事件，乳幼児に対する虐待事件の増加は子育てにおけるスキンシップの減少と無関係ではないだろうと警告している。

　1日は24時間という限られた時間である。車中で過ごす時間は短いかもしれないが，これが日々積み重なっていけばかなりの時間となる。車中での乳母車の取り扱いという日々の些細な育児のやり方ではあるが，子どもたちの未来，社会に影響を与えることを私たちは意識する必要があるであろう。

# 第4章

# 幼児期前期（1歳3ヵ月～3歳前半）

　幼児期前期は「赤ちゃん時代」の卒業である。「歩行」「食事」「排泄」が徐々に自立し，自分の意志を主張するようになる。活発な探索行動を行い，遊びの中で模倣や，見立てを使ってイメージを豊かにふくらませることもできるようになる。まだまだ自分でできることは限られ，大人の手助けを必要とするが，時には「いや」「だめ」「自分で」といった主張を強硬に行い親を辟易させる。

　大人は，しっかりとした安全基地として子どもを受け止め，時には毅然とした態度で子どもが自律的な行動をとれるように支援していくことが求められる。

## 1. ことばの獲得と展開

### (1) 話しことばの発達過程

　話しことばをもつことは人間の最大の特色であり，言語能力は年齢と共に発達する。言語の獲得と発達に影響を与える要因には，心身の構造や機能の成熟と，社会的あるいは教育的な働きかけが挙げられる。特に，周囲の大人との間に満足のいく安定した信頼関係がもてなければ，ことばの発達は遅れてしまったり，ゆがんだりしてしまう。前章でも述べたが，ことばが発達していくためには土壌としての安定した人間関係を体験することが大切である。

　ことばの発達の道筋は，言語や文化の違いにかかわらず，比較的似かよった発達段階をたどる。

　発達のめやすを示したのが表4-1である。

表4-1　言語の発達のめやす（西野，1998を参考に増田が作成）

| 項目 | 時期 | 特徴（例） |
| --- | --- | --- |
| 産声 | 誕生時 | 全身から絞り出すような泣き声 |
| 泣き声・叫び声（叫喚発声） | 0ヵ月頃〜 | 叫び声，甘え声など色々な泣き声 |
| クーイング　ガーグリング | 2ヵ月頃〜 | クー・ゴロゴロと喉の奥を鳴らすような音 |
| 過渡期の喃語 | 3，4ヵ月頃〜 | 「子音＋母音」の構造が不明瞭な喃語 |
| 規準喃語（バブリング） | 6，7ヵ月頃〜 | 「子音＋母音」の音声の繰り返し |
| 1語発話（一語文） | 1歳頃〜 | 「パパ」「ママ」「ブーブー」1つの単語 |
| 2語発話（二語文） | 1歳半頃〜 | 「パパとって」「ママちょうだい」2つの単語 |
| 多語発話 | 2歳頃〜 | 「ママ，まんまとってちょうだい」など |
| 文章構成期 | 3歳〜4歳頃 | 「これ食べてもいい？」質問・否定など |
| おしゃべりの時期 | 4歳〜5歳頃 | メタ言語の始まり |
| 書き言葉への関心期 | 5歳〜6歳頃 | 自分の名前を書いてみようとする |

■キーワード■　ことばの発達

## (2) 初めてのことば（1歳頃）

9～14ヵ月頃になると，三項関係のコミュニケーションが成立する。三項関係とは，第一項である〈私〉と第二項である〈他者〉と第三項である〈もの・こと〉より成る構造をもった関係をさす。この関係は，それ以前の段階で形成された「私―他者」の二項関係（0～4ヵ月頃）と「私―もの・こと」の二項関係（5～9ヵ月頃）を結合して成立したものである。

三項関係が成立すると，手渡し，受け取り，提示などを通して，〈私〉は〈他者〉との間で第三項（もの・こと）を共有するようになる。また，この段階の後半になると，指さしやボール遊びなどが始まり，同じ空間を共有しているという意識が芽生えるとともに，物を直接取りに行くのではなく，〈私〉と〈他者〉が並んで遠くのものを眺めたり，そこにとどまって，対象物を〈行かせ〉たり〈待つ〉ことが可能になる（図4-1）。

この三項関係と関連が深いものに共同注意が挙げられる。これは「他者と関心を共有するものへ注意を向けるように行動を調整する能力，または，2人の人間がお互いに同じものに注意を向けていることを知っているという社会認知

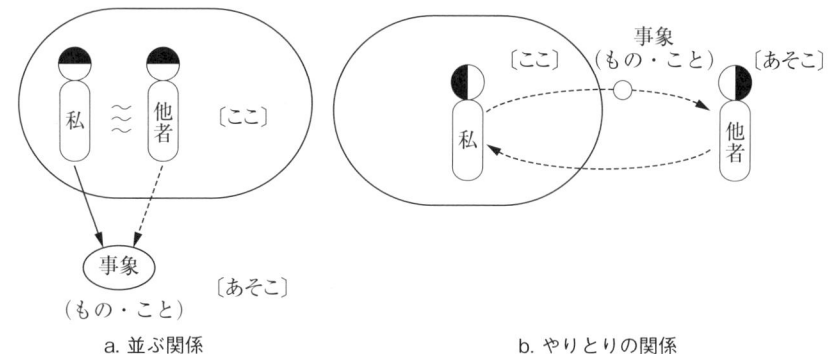

a. 並ぶ関係
（〔ここ〕で並んで同じものを見る関係）

b. やりとりの関係
（私と他者は事象をやりとりすることで対話関係をつくる）

**図4-1　三項関係**（やまだ，1987）
▶私と他者は事象をやりとりすることで対話的関係をつくる。

■キーワード■　三項関係→ p.192　共同注意→ p.191

的な現象」と定義され，ことばを学ぶ上で大切なことだと考えられている。たとえば，相手が「クルマ」と言った時，相手は何に注意を向けてそのことばを言ったのか探り出すことができれば，「そうか！『クルマ』というのは，この動いているものに関係したことばなのだ」といったことがわかるからである。このように，相手が注意を向けているものを推察して自分も，同じものに注意を向けるという行動は，とりわけ言語の獲得においては意義深いものになるとされている。

　子どもが1歳くらいになると，自分が取って欲しいものを指さしたり行きたい方を指さしたりするような要求を示す指さし行動や，珍しい物を見つけた時に大人の関心を引き一緒に共感してもらおうとする指さし行動が頻繁に見られるようになる。この行動は11ヵ月から1歳3ヵ月ごろに急激に増加するもので，子どもにとって前言語の働きをすると考えられる。

　これとほぼ同じ時期に，子どもは初めてことばを話すようになる（初語）。表4-1の例で示すように，この時期に子どもが話すことばは単語一語のみであり，1つのことばでさまざまな内容を表現しようとする。たとえば「ミルクが飲みたい」「お腹がすいた」などもすべて「マンマ」で表現する。これを，一語発話あるいは一語文と呼ぶ。一語文は，共感・要求・叙述・質問・応答などさまざまな機能を果たす。さらに，1歳半〜1歳9ヵ月頃より，子どもは二語発話期を迎える。これは，二語文と呼ばれる。言語が発達するにつれて指さし行動は減少していく。

　このように，ことばが出てくるしくみはすべての乳児に共通である。しかし，発語の時期やその後の発達の様相に個人差があることを忘れてはならない。

## （3）ことばの獲得（1歳〜2歳頃）

　成人と同じような話しことばの使用が可能になるまでにみられる乳幼児期の特徴的な話しことばを幼児語という。これは，一般的に「赤ちゃんことば」と

■キーワード■　指さし→p.196　一語文→p.189　二語文→p.194　幼児語→p.196

表4-2　幼児語の分類

| 項目 | 例 |
| --- | --- |
| ①擬音・擬声語 | ブーブー（車），ワンワン（犬），ニャンニャン（猫）など |
| ②1つの語を重ねたもの | おてて（手），ぽんぽん（お腹），はいはい（はう）など |
| ③社会的慣用語 | あんよ（足），ぽいする（捨てる）など |
| ④「お」をつけたやさしい表現 | おんま（馬），おくつ（靴）など |
| ⑤擬人的表現 | ぞうさん（象），おてんとさま（太陽），おほしさま（星）など |
| ⑥音韻の脱落や省略，不完全なもの | がっこ（学校），テービ（テレビ）など |

もいわれる。

　幼児語は表4-2のように分類することができる。

　これらの多くは幼児の聴覚および発音機能の未熟さ，心理的特性が影響していると考えられる。特に心理的特性に関しては，この時期の子どもの特徴として，感情的，具体的，あるいは自己中心的，直感的，さらにはアニミズム的などの心理的傾向があげられる。

　幼児語は1歳半頃から徐々に成人語に変わりはじめ，3歳までにはほとんど使われなくなる。しかし，すべての音が正しく発音できるようになるのは，構音器官の発達を待たなければならないので，5～6歳頃である。

　また，この時期のことばの使用の特徴として過限定・過拡張と呼ばれる現象が報告されている。過限定とは子どもの初期のことばの誤用であり，ことばの適用制限とも呼ばれている。たとえば，自分の家の居間から見ている時だけ，通りを走る車を見てブーブーというが，その他の場所では何も言わないとか，お気に入りの布団の犬の模様を指さし，「ワンワン」と言うにもかかわらず，母親が絵本の犬を指して「ワンワンよ」と言うとキョトンとしているような例が挙げられる。

　過限定の起こる時期にやや遅れて，子どもは1つのことばをさまざまな事物に自発的に拡張するようになるが，その拡張範囲が大人の慣習的な意味範囲よ

■キーワード■　自己中心的（性）→ p.192　過限定→ p.190　過拡張→ p.190

りずっと広くなる場合が多く観察されている。この現象が過拡張であり，ことばの過剰適用とも呼ばれている。たとえばワンワン（犬）を猫にもぞうにもきりんにも，すなわち4本足の動物すべてに拡張したブーブー（車）をバイクにも自転車にも，すなわち道路を走る乗り物すべてに拡張した誤用などが指摘できる。

このように，子どもは社会的・慣用的なことばを使えるようになるまでに，自分だけに固有なことばの使い方をしたり，幼児語を使う過程を経ていくのである。

## （4） 文法の獲得と展開（2歳～3歳）

子どもは2歳頃から，3語以上のことばを使った多語発話，たとえば「ママ，ブーブーとって」や「パパ，おんも行っちゃった？」「ワンワン，ダメ，あっち行って！」などを話しはじめ，語形変化や疑問文・否定文など，文法の基礎を身につけ，かなり自由に思ったことを話せるようになる。また，過去，現在，未来を区別した話し方もできるようになる。

しかし一方では，2歳過ぎの幼児はまだ主観と客観が未分化なために，おもちゃの電車が横倒しになっているのを見て「電車さんが疲れて休んでいる」と言ったり，赤く沈んでいく夕日を見て，「お日さまが恥ずかしがって，隠れちゃった」と言ったりする。このように，事物を人間に見立てたり，知覚の対象に表情を知覚する傾向がある。

ウェルナーは，幼児のこの知覚の特徴を相貌的知覚と呼んだ。この頃の幼児は，知覚が情緒と未分化で，アニミズム的な考え方をするため，世の中のすべてのものには生命や意識があり，人間的な表情をもつ物としてとらえてしまうのである。たとえば太陽も山も川も海もみんな生きていて，自分と同じように痛いと感じたり，悲しいと思ったりすると考える。幼児がぬいぐるみに話しかけるのも，お化けが本当にいると信じるのも，幼児の自己中心性から生じる考え方なのである。

■キーワード■　相貌的知覚→p.193　アニミズム→p.189

このような幼児の独特の世界観は、この頃の日常のさまざまな発話や行動の中に表現されることになる。

## 2. 遊びの発達

### (1) 遊びとは

　遊びとは自発的になされる活動で、その活動をすることに楽しいという快の情緒がともなうものである。また、遊びには義務や強制、責任、生産性はない。これらの点においては、大人と子どもの遊びに違いはないといえよう。

　大人の遊びと子どもの遊びの違いは、大人の遊びは仕事や家庭での実生活の拘束や制限から一時的に離れて、気分転換や憂さ晴らしなどのためになされる。しかし、子どもの遊びは、何かの目的のためになされるのではなく、ただその活動が楽しいからなされるのである。

　小児科医であり心理療法家でもあるウィニコット（1998）は遊びの特徴として、遊びを通して子どもの心身の成長がはかられ健康を回復することも可能になる場合があることを指摘している。表4-3は、児童期の遊びの意義をまとめたものである。

　ロジェ・カイヨワ（1990）は、遊びには以下に示す6つの活動が含まれるという。

　① 自由な活動……遊戯者は活動を強制されないため、遊びが魅力的で愉快な楽しみであることである。

　② 隔離された活動……遊びが予め決定された明確な空間と時間の範囲内に制限されていることである。

　③ 未確定の活動……ゲームの展開など、結果は予め決定されておらず、今後の展開を遊戯者がある程度決定する自由を有することである。

　④ 非生産的活動……財産などを生み出す経済的な活動ではないことを意味

■キーワード■　遊び　ウィニコット　ロジェ・カイヨワ

表4-3 遊びの意義 (ウィニコット, 1998)

| 意義 | 内容 |
|---|---|
| 身体的意義 | 身体・運動機能の発達 |
| 認知的意義 | ①創造性・想像性の発達<br>②言語能力の発達<br>③比較，判断，類推に関する能力の発達 |
| 社会的意義 | ①競争，協調，譲り合い，助け合い，連帯感，自己主張など社会性の発達<br>②善悪の判断，思いやり，正義感など道徳性の発達<br>③友達と自分を比較したり衝突することによる自我意識の発達 |
| 情緒的意義 | 欲求不満耐性の獲得や自由な感情表現 |
| 治療的意義 | 抑圧された感情や願望の表出による，精神的健康の維持・回復 |

する。したがって，遊戯の終了後は，遊戯の開始時と同じ状態に帰着している。

⑤ 規則のある活動……ある一定のルールが存在することを意味する。このルールは通常の規則を停止し，一時的に新たな規則を作り出す。そして，この規則だけが遊びの中で通用する。

⑥ 虚構の活動……遊戯が日常生活とちがって，あきらかに現実ではないというはっきりした意識を遊戯者が伴っていることである。

(2) 遊びの種類と発達

教育の歴史上で初めて子どもの遊びの教育的意義を説いたのは，幼児教育の創始者と呼ばれるフレーベルである。彼は，子どもの遊びとは，子どもの内面に育ってくるものの自主的な表現であり，この自主的な表現活動を通して外界にかかわることで，子どもは自分の外の世界や自分自身を知り，同時に子ども自身の心身の能力を高めていくと，述べている。

図4-2のように，中野は遊びの変化とその対象の発達的変化の道筋を模式的に波のうねりによって表わしている。

図4-2からわかるように，生後3ヵ月から，乳児は動かせるようになった

■キーワード■　フレーベル

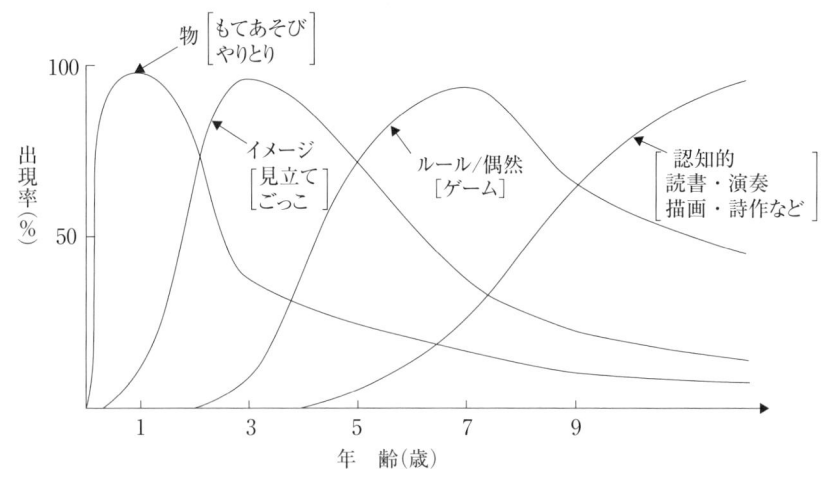

**図4-2 遊びの発達的変化の「波」**(中野,1990)

▶この図は遊び対象の発達的変化の道筋を模式的に「波」のうねりによって表わしたものである。個々の波は,各々の対象について,それをマスターし,自在に対象を同化できた時点(最適水準)で再頻の遊びの出現率(頂点)となり,そこを境にしてしだいに「自動化」していくことで遊びは衰退してゆくことを表している。また,波と波との重なりの部分は,ある時点での遊びは,つぎの時点での遊び対象の探索過程を同時に含んでいることを示唆している。なお,[ ]は遊びの型を表わす。

手や指,口などを使ってものを扱い,その結果に関心をもつようになる。たとえばボールをなめるとどういう感触か,積み木をうつとどういう音がするかなど,触覚,聴覚,視覚などの感覚によって行為の結果を理解し,それを反復しようとする,感覚運動遊びが始まる。

さらに6ヵ月からは,乳児は自分の身体を移動することができるようになると,生活用品に対しても自分の行為の結果を試し,いろいろなものの性質を理解しようとしはじめる。たとえば,戸棚の食器を取り出し床に放り投げて壊したり,箱からティッシュペーパーをどんどん取り出したり,読みかけの新聞紙をくしゃくしゃにされたりなど,母親や父親を困惑させるような破壊遊びが始まる。これらの遊びを通して,子どもは物を自由に支配する喜びを味わう。

8～9ヵ月頃からは,父親や母親あるいは周囲の人たちと,「イナイイナイバアー」や「一本橋(いっぽんばし)コチョコチョ～」などといった,対人的

■キーワード■ 感覚

やり取りの中で遊びが行われるようになる。楽しい気分を共有する状態が双方の間でつくられ，相互期待や同調の関係性を楽しむやり取り遊びとなって，遊びが展開していくのである。

ゲゼルは，1歳過ぎから3歳半までの遊びの発達について，以下に示すような順序があると指摘している。

1歳3ヵ月～：歩く動作をいつまでも繰り返し行う，物を投げては拾う動作を繰り返し行うなど，単一の動作を反復して行う。

1歳6ヵ月～：注意の対象が変化しやすいため，あちこちよく動き回り，なんでも夢中になっていじる，おもちゃを引っ張るなど，全身的な運動を行う。

2歳～：注意の散漫さは減少する。他の子どもと一緒にいることを喜ぶ。しかし，他の子どもの言動には興味を示さず，他児との社会的な交流は見られない。

3歳～：ごっこ遊びをするようになる。1人で遊ぶことよりも，他の子どもと遊ぶことに興味を示す。したがって，2～3人のグループで遊ぶことがある。

### （3） イメージと遊び

1歳半から4歳頃にかけて，子どもはイメージの発達が著しくなる。自分が体験したことを覚えていて，その覚えていた目の前に存在しない対象や事象を頭の中でイメージし，遊びの中で積極的に模倣してみようとする。これをごっこ遊び，あるいは見立て遊びという。たとえば，赤ちゃんにミルクを飲ませたり，おむつを替えたりといったような赤ちゃんの世話するお母さんのまねをしてみたり，ままごと遊びのなかで，葉っぱをお皿に，石ころを食べ物に見立てたりして遊ぶことができるようになる。

このように，目の前に存在しない対象や事象を頭の中にイメージとして思い浮かべるという表象作用が現れるとともに，言語の組織的な習得が始まる。身体や感覚に代わって，イメージやことばを使って物事を考えるようになる。

■キーワード■　イメージ→ p.*189*

## 3. 第一次反抗期の開始

### (1) 第一次反抗期とは

#### 1) 反抗期の時期

　幼児は2歳頃になると，自らが行動の主体であると知りはじめ，自分を「ボク」や「ワタシ」と言いはじめる。すなわち，「自分」という意識がはっきりし，同時に，自己をある程度対象化してながめることができるようになってくる。2歳過ぎ頃から4歳頃になると，それまでは親の言うことを聞いていた子どもが突然強力な自己主張をはじめる。着替えや食事など，「自分で食べる！」「ひとりで着る！」と怒って，途中まで親が手伝っていたことを，最初から一人でやり直したりする。このような時期を反抗期という。

　反抗期の存在が初めて問題になったのは，ビネーが知能検査を3歳児に施行するのが最も難しいことを報告したことからであるといわれている。強情な自己主張や親への反抗，頻繁に友だちとのいざこざが増えてくる2～3歳頃の子どもを指して，第一次反抗期と呼んでいる。反抗期の時期については，研究者により異なるが，おおよそ早い子どもでは1歳6ヵ月くらいからはじまり，終了の遅い子は5歳くらいまで続くとされている。

#### 2) 反抗期の類型

　ジャーシルド（1972）は，3歳頃にみられる反抗の類型として次の項目を挙げている。

(1) 了承したはずの要請に応じない。
(2) 食事や日常の決まりきったことを強情に拒否する。
(3) 自己主張を絶えずする。
(4) 口論や議論をする。
(5) 次から次へと質問する。

---

■キーワード■　第一次反抗期→ p.*193*

(6) 現実とか不可避の事実に従うことを拒絶する。

　このような反抗行動は4歳を過ぎると減少するが，何らかの形で残存し，年齢とともに巧妙な反抗の形をとるようになる。

### 3） 反抗を起こさせる状況

　また，ジャーシルドは反抗を起こさせる状況として，以下のような状況を挙げている。

(1) 不必要に度重なる干渉をされるとき。
(2) 命令に従おうとしている心構えをしていることを無視されるとき。
(3) からかいや矛盾した命令をされるとき。
(4) 自分に注意が向けられていないとき。
(5) 生活習慣が他人の独裁的な命令のように感じられるとき。

## （2） 第一次反抗期の特徴

### 1） 反抗期の意義

**自我の芽生え**　　人間は誕生の瞬間から個体として出発する。しかし，乳児が生きていくためには，ミルクを飲ませてもらったり，おむつを取り替えてもらったりといったような身の回りの世話を母親に依存している。少なくとも乳児期の初めは，精神的に母親と融合した混沌とした世界に生きている。しかし，生後3ヵ月頃になると自分の手を目の前にかざし，その手をジーッと見つめるようなハンドリガードと呼ばれる現象が見られるようになる。これは目に見えている手が，同時に自分で動かしている手でもあるということへの気づき，すなわち自分の身体の発見につながる行動である。

　1歳を過ぎると，他者とは異なる「わたし」という意識が生じてくる。すなわち，「自己」と「他者」が区別されてくる。さらに言語機能の獲得により「自分で～」「～ちゃんがやる」など，自我意識はよりいっそう明確になり，他者に対して自分を強く主張するようになる。1歳前後になると歩くことができるようになり，子どもの行動範囲が急速に広がり，自分の周囲にあるものに積

■キーワード■　　ジャーシルド

極的に近寄って触るというような行動が活発になる。その結果，親から行動を制限されたり，禁止されたりする機会が増え，自分の思い通りにならずに欲求不満が増大し，反抗的行動をとることが多くなる。そしてこの反抗によって，さらに自我を認識し，自分の意志を強めていく。つまり，この時期の子どもは「自分は母親とは異なる存在である」ことを確認しているのであり，「子ども自身の主体性が美しく輝き出す頃」ともいえるのである。

**意志の発達**　このころの幼児は，心身諸機能の発達に支えられていて，一定の過去経験を基礎に未来の予測がつくようになる。そして目標に向かって「〜するつもり」という意志がはっきりしてくる。この意志の発達についてヘッツァーの研究を紹介する。

ヘッツァーは，7歳児を対象として，親との面接を通して反抗期の有無について調べ，表4-4のような結果を示した。この結果から意志薄弱といわれるような児童は，意志の強さをもった児童に比べて反抗期を経験しなかった子どもが多いことがわかる。

つまり，子どもは反抗期を経験することによって自己の意思を確認し発達させているのである。反対に，反抗期を経験しなかった子どもは，他者との衝突の経験がなく自我が鍛えられないまま，意志の弱い存在となる可能性も指摘されている。

**自尊感情の発達**　乳児期において自己意識は漠然としているが，この頃から子どもなりの自尊心をもっている。自己が愛され，賞賛を受ければ自尊心は高まり，愛や賞賛が受けられなかったり，注目を受けられなかったりすると自尊心は低下する。やがて幼児になり，心身ともにめざましい発達により，身体機能，言語機能などさまざまな機能を獲得していくなか，子どもの自尊心はさ

表4-4　ヘッツァーによる反抗期の有無と意志の発達（藤永・高野，1975）

|  | 反抗期あり | 反抗期なし | 合計（%） |
| --- | --- | --- | --- |
| 普通の意志の強さを持った児童 | 84 | 16 | 100 |
| 明らかに意志薄弱な児童 | 21 | 79 | 100 |

■キーワード■　ヘッツァー　自尊心

らに高まっていく。そして，自主・独立の欲求が強くなり，親のことばや規制に対して束縛を感じ反抗するようになる。つまり，反抗期の出現は，自尊心が順調に発達していることの現れともいえるのである。

この自尊心は，自分自身の意図と，実際の能力との矛盾や，反抗期の他者との関係の中で，傷つけられることがしばしばある。反抗期の子どもの自尊心は，とても傷つきやすいのである。したがって，幼児を一方的に拒否するのではなく，親は，反抗行動は順調な自尊心の発達の表れであることを理解し，子どもが現実の多様な関係に目が向くように配慮しながら，子どもを励ましあたたかく見守ることが大切である。

### （3） 親の養育態度と人格形成

これまでに述べてきたことから，反抗期は子どもの発達に必要な過程であることは十分理解できるだろう。しかし，ここでいちばん問題となるのは，反抗する子どもに対して，親はどう対応するのがよいのかという点である。先にも述べたように，この時期の親の養育態度は，子どもの人格形成に大きくかかわるといわれている。本題の「第一次反抗期」に限ることではないが，ここでは，親の養育態度について，マッコービィ（1983）の研究に触れてみよう。

**マッコービィとマーティンの研究**　親の養育態度が人格形成に及ぼす影響について，因子分析的研究が多数なされているが，ほとんど共通した2つの次元が抽出されているとマッコービィらは指摘している。第一は「統制の度合い」を示す次元で，親が子どもの行動をどれくらい強くコントロールしているか，すなわち，指導性や監督の度合いを示している。第二は「受容の度合い」を示す次元で，親が子どもの感情的変化や欲求をどれくらい敏感に受け止めているかを示すものである。この2つの次元から図4-3に示す4つの類型を見出している。

この中で最も望ましい養育態度は「統制が強く，受容性も高い」ものであることがわかる。一般的に，親に受容されて育てられた子どもは，愛着がしっか

■キーワード■　人格形成　マッコービィ

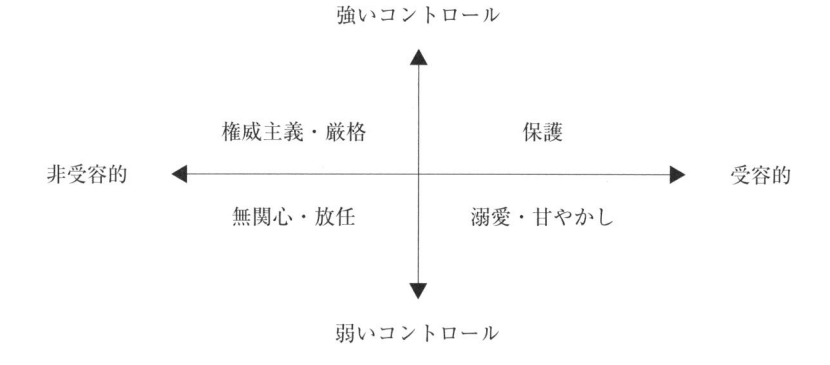

```
                    強いコントロール
                         ↑
       権威主義・厳格    │    保護
非受容的 ←──────────────┼──────────────→ 受容的
       無関心・放任     │    溺愛・甘やかし
                         ↓
                    弱いコントロール
```

**図 4-3　親の養育態度の次元と類型**（Maccoby *et al.,* 1983；大渕作成，1988）

り形成され，情緒が安定し，人に対する信頼感や自主性が発達するといわれている。また，基準やルールの提示は，身につけるべき明確な目標を子どもに与え，人格形成の過程で自己への積極的な取入れを促すのである。逆に，溺愛や厳格，無関心な態度は，子どもの依存的で，反抗的，情緒不安定な性格と関係があるといわれている。

しかし，親の養育態度だけを決定的なものと考えることは望ましくない。兄弟や祖父母などの関係，幼稚園などの集団生活も人格形成にかかわってくるのである。

## 4．自律としつけ

### （1）自立と自律

一般に子どもは親に依存しているが，時期がくると，徐々にひとり立ちする。このように自分の力で生活を始めることを「自立」といい，行動を自分で意図し，実行することを「自律」という。生存にかかわるすべてを親にゆだねていた乳児期を過ぎ，幼児期になると，子どもたちは，「自分のことは自分で

■キーワード■　自立　自律

決めてやりたい」と思うようになる。自分の意志で決めたことを自分で実行し，自己主張と自己制御を学び，自律的な行動を学び自立への一歩をふみ出すのである。

## （2） 歩行・食事・排泄の自立

### 1） 歩行の自立

子どもは平均的に1歳2ヵ月で歩きはじめるが，個人差が大きく，多少の遅れはそれほど心配はない。人間の特徴として，約1年間は子宮外胎児期といわれさまざまな刺激から成長が促進され，全く移動ができない状態から二足歩行での自力移動が可能になる。これは内部的な成熟が重要な働きをするが，環境の影響と練習も有効に働いている。

歩きはじめの頃は足の筋肉，骨格系の発達が十分ではなく，足裏が扁平で，ぎこちないよちよち歩きであり，体の安定を保ち，倒れないようにするために大変な努力をしている。転んでは起き，起きてはまた転ぶということを繰り返して足腰の訓練が行われ，筋肉が強くなり，関節が自由になり，神経系が成熟して長い直立歩行が可能になる。1歳半頃には体の平均をとるための両足の広がりは狭まり，横や後ろへ歩くこと，走ることも出来るようになる。2歳くらいで一応の歩行運動は完成する。

歩いたり，走ったりが自由にできるようになると，全身運動が盛んになり，激しい動きを喜ぶようになり，とんだり，はねたり，両足をそろえて飛び降りたりするようになる。けがには注意を要するが，適度に冒険心を育ませていくべきである。好奇心や探索・探究心および操作性などの内発的動機付けに基づいて現実世界と効果的にかかわっていく能力を，周囲の大人たちが適切に導いていく必要がある。

### 2） 食事の自立

外界からの食物の取り入れは，出生直後から授乳という形で始まる。
授乳の意義は栄養補給に加え，聴覚，視覚，嗅覚，触覚，運動覚など乳児の

■キーワード■　子宮外胎児期　二足歩行

あらゆる感覚を総動員して感覚の統合が育ち，哺乳を通して信頼関係がつくられるということである。新生児に対する母親の行動は，そのほとんどが授乳と排泄の世話に終始する。それらの母と子のやりとりの中で，相互に相手に働きかけて愛情を育てていく。母親からの一方的な働きかけばかりでなく，新生児といえども母親からの働きかけを促す能力をもっている。授乳に対する母親の労力や自己犠牲を超える喜びを，これらのやりとりは与えてくれる。

母と子の安定した関係の中で乳児は母乳を飲み，やがて離乳食に進むことは生理的であると同時に，心理的な営みでもある。離乳食が始まると，乳児は母乳以外のものを初めて口にすることになり，食文化との出合いとなる。人間的自立に向けての成長発達は，社会化と個性化という拮抗する2つの過程が発展的に統合していく過程であるが，社会化の過程は文化の型を身につけていく過程でもある。

1歳以降の幼児食は食習慣形成期であり，多くの食べ物を通していろいろな味の違いをからだで理解していき，感覚を発達させ，豊かな感情を育てる基礎ともなる。

手の機能の発達に伴い，一人食べの主張が始まる。調理ではスプーンに乗せやすいように配慮し，決して無理強いせず，幼児の要求を的確につかみながらも子どもに振り回されない対応が大切である。フロイト（1982）が，「自分で食べる段階に達すると，子どもの食物の摂取量に対する母親の不満が，しばしば食物摂取の形式，つまりテーブルマナーへの干渉という形で出現する。それゆえに食事時間は母子関係の問題が争われる戦場となるのが普通である」といっているように，この時期に母親は忍耐力が要求されるのである。

やがて母子の二者関係から家族と一緒に食卓を囲むという三者関係に移り，保育所や幼稚園の集団の輪の中での食事に広がると，共に食べることは，子どもが社会的な存在として生きる原型になる。子どもは食事のたびに家族や仲間の会話や表情，感情や考えを交流し合い，心に取り入れ，いわば家庭の団欒やその集団の情緒的気風を「食べて」成長するのである。

■キーワード■　フロイト→ p.195

### 3) 排泄の自立

　子どもの自立のうちしばしば問題となるのは，排泄の自立である。習慣形成は訓練・学習によるものであり，親はそれを意識しすぎて，訓練を誤ったり，焦りや厳しさが過ぎたりすると子どもの排泄習慣にダメージを与えてしまうことがある。

　排便・排尿の統制機能は1歳半を過ぎ，神経系が成熟してくると，変化が表れて排尿の回数が減り，間隔が長くなる。母親はたとえ排尿後であっても，ことばで排尿を知らせた行為を大きな進歩と受け入れ，その行為を尊重する姿勢が大切である。子どもは母親に知らせることは良い効果があると，失敗を繰り返しながら学習していく。やがて子どもは，排泄を直前に知らせる方が母親を喜ばせ，自分にとってもその方が気持ちがよいことを知って，予告するようになる。

　平均的には，2歳～3歳でトイレでの排尿が可能になるが，昼間はオムツがはずせるようになっても，夜間，睡眠中の排尿については統制が遅れ，3歳から4歳くらいまで夜間はオムツを必要とする子どもが20％程度いるとされている。実際は個人差が大きい。

　排便は排尿よりも回数が少なく統制されやすいが，遊びに夢中になっていたり興味をもったことがやめたくなかったりすると，予告しそびれることがある。母親の忍耐強い受容的な態度が求められる場面といえる。

　子どもは3歳以降，完全な排泄の自立へ向かって急速な進歩を遂げていく。排泄行動の自立には，特別な場所で行い，後始末をし，手を洗うという一連の行動が含まれている。母親は焦らず，あわてず，あきらめないで待つ姿勢が必要とされる。

## （3） 自己統制（セルフコントロール）の発達

　第3節で詳しく述べたように，1歳の終わりころから，子どもは自己を主張しはじめる。自分の自尊感情が傷つけられた時には抗議をしたり，自分の欲し

いおもちゃを「ほしい」としっかり言えるようになってくる。このように自分の意見や欲求を他者に伝えることを自己主張といい，自己主張をすると，当然まわりとの衝突が生まれることがある。子どもたちは周囲とのぶつかり合いを通して，常に自分の思い通りにならないことや，他者にもいろいろな気持ちがあることを理解していく。さらに3歳くらいになると，常に自分の気持ちを相手にぶつけるのではなく，相手の出方によって自分の気持ちや行動を方向転換することができるようになる。このように，自分で自分の行動をコントロールすることを自己統制と呼ぶ。

　自己主張に関する考え方は文化によって違ってくる。たとえば，アメリカでは発達の早期から自己主張的側面の獲得が望まれており，母親は子どもの自己主張に対して提案や説明，交渉という対応をとり，自己主張に積極的な意味づけを行う。日本ではこれまでは「自己主張的である」というのは，あまり良く評価されることばではなく，むしろ自己抑制的な側面が望まれがちであった。しかし，反抗期がなかった子どもが問題行動を起こしている例がマスコミ等でとりあげられ，藤永ら（1975）が「反抗期は大切である。反抗期がないことは後の社会性の発達に大きな影響を及ぼす」というように，自己主張は子どもの発達にとって重要なものとして受け取られるようになった。

### （4） 欲求のコントロールとしつけ

　公園に行くと，砂場で小さい弟に遊具を取られてしまった子に，「おねえちゃんだから，ちょっと我慢してね。」と声をかけている母親を見かけたり，また，「お友だちが10回こいだら代わってくれるから，それまで，待ってね！」などと言われて，「1，2，3…」と，大きな声でブランコの数を数えている子どもを見かける。このように3歳半から4歳後半にかけて，「欲しいものを待てる」「決まり・ルールを守る」といったような，子どもが社会の中で必要な自己統制力を身につけたり，礼儀作法や公衆道徳を身につけていくことができるようになる。

---

■キーワード■　自己主張　自己統制

子どもは，我慢したり決まりを守ったりすると，大人から「えらいね！我慢できたね！」と，誉められたり，「ちゃんと10まで待てて，立派だね。」と，肯定的な評価が与えられたりすることで，本当は自分が遊びたいおもちゃも，時には進んで，自分よりも小さい子や友だちに譲れたり，ブランコや滑り台の順番を待ったりできるようになってくるのである。つまり，子どもは年齢が進むにつれて，自己主張中心だった行動に，次第に抑制が加わり，自分の意志や願望よりも他者への共感や仲間との和を重視するような行動に変化して行く。その変化には，人間として社会の中で生きていく力を育てるための親のしつけや発達期待が影響していると考えられる。

## コラム4：絵本ってすごいんです─ぐんぐん広がる絵本の世界─

　あなたと絵本との出会いはいつ頃でしょうか？　秋田らの調査（1996）では，7割以上の家庭で0歳～1歳代に読み聞かせを開始しているという結果があります。実は，1992年にイギリスで始まったブックスタートという活動が日本でも2000（平成12）年の「子ども読書年」の翌年から，Shere books with your baby! というスローガンを掲げて始まりました。0歳児検診のときに，すべての赤ちゃんと保護者に絵本を手渡し，絵本を媒介にして親子で「あたたかく，楽しい，ゆったりとしたふれあいの時間」をもつことができるようにとのねらいがありました。

　絵本って不思議ですね。絵本は0歳の赤ちゃんからお年寄りまで，幅広い年齢層で楽しめ，年齢や発達段階に応じてそれぞれの世界をぐんぐん広げてくれます。

　たとえばピーターラビットの絵本を開いて，1歳半ぐらいの赤ちゃんに，「ほーら！」と，絵の方に注意をひきつけ（注意喚起），「これはなんだ？」と，ピーターラビットを指さし，子どもに尋ねます（質問）。すると，子どもは，「うさちゃん」と答えたり，「ぴょん，ぴょん」と答えたり，ことばが少し遅い子でも，「アーアー」と反応してくれます。そこで「そうそう！　うさぎさんね！」（フィードバックと命名）とか「お耳が長くて，ピョンと跳ねるね！」と，答えを繰り返したり，うさぎが跳ねる真似をして，「これは，ウサギのピーター君よ！」と，主人公の名前を教えたりします。すると，子どもは「ピーター，ピョンピョン」と言いながら，自分の内に取り込んだ情報を整理します。また，この時期は，物語の展開よりも，絵本に描かれた物の名前や特徴などを読み手とやりとりし，その中で子どもの体験や興味に引きつけて絵本が読まれていきます。

　さて，2～3歳になると，子どもはストーリーを楽しむ物語絵本にも興味をもつようになります。さらに年齢が進むにつれて，複雑な展開の物語や自分が体験したことのない未知に共感し，他者の内的世界を理解することができるようになります。前出のピーターラビットがマクレガーさんの庭でいたずらし，つかまりそうになる場面では，子どもたちはハラハラドキドキ。「頑張れ，ピーター！」と応援し，自分があたかもピーターになったかのような気持ちで，絵本の中の隠れ場所を探しはじめます。そしてピーターが捕まらず，お母さんの元に戻れた時には，ホッと胸を撫で下ろし，「よかったね！」という対話が展開されていきます。

　さらに，絵本に書かれたストーリーを子どもが楽しむだけでなく，絵本を媒介にして子どもの日常生活や体験についても語り合い，触れ合うことができます。時には現実生活で傷ついた子どもの心が表出されてくることもあるのです。

# 第 5 章

# 幼児期後期（3歳後半〜就学まで）

　幼児期後期は，小学校入学を控え，多くの子どもが幼稚園や保育所等の集団生活を体験し，家庭から社会へと対人関係も広がっていく時期である。特に，同世代の友だちとのかかわりの中で，自己統制を学び，しだいにことばで自分の意志や気持ちを伝えることもできるようになってくる。しかし，まだまだ幼児の心理には，大人と異なる独特のものの見方が大きく影響している。そうした幼児独特の世界を理解することが，幼児の発達を援助するうえで欠かせないことである。

## 1. 好奇心の時代

### (1) 質問期

　幼児期後期といわれる3歳児になると，幼稚園や保育所に通う子どもがほとんどである。行動半径も大きくなり，身の回りのさまざまな事柄に関心をもつようになる。好奇心の塊である。「赤ちゃんはどうやって生まれてくるの？」「雨は，だれがふらせてるの？」などと周囲の大人に自分の知りたいことについて盛んに質問するようになる。質問期と呼ばれる所以である。幼児期前半は「これ，なーに？」を連発して物の名前を尋ねることが多いが，幼児期後半になると，しだいに「なんで？」「どうして？」というように，理由や原因を尋ねるようになってくる。自分なりの「はず」「つもり」の理解と現実とのズレについて関心や疑問を抱くようになるためであると考えられる。

### (2) 幼児期の思考

#### 1) 前操作的思考段階

　前操作的思考とは，論理的に物事を考えられる以前の思考をさす。この時期はさらに，幼児期前期の前概念的思考段階（象徴的思考段階）と後期の直観的思考段階に分けられる。

　子どもは，2歳頃から言語習得が盛んになり，象徴機能も発達しイメージが成立するが，ことばはまだ具体的なイメージに依存していて，抽象度が低い。たとえば，「イヌ」と言えば，隣の家のクロのことであり，イヌ一般の概念を理解しているわけではない（p.69参照）。したがって，4歳頃までの時期を「前概念的思考段階（象徴的思考段階）」とよぶ。子どもは，日常生活においてさまざまな事象を体験するなかで，それらの共通かつ本質的な要素を抽出して，安定した概念を獲得する。イヌの例では，大きさや毛の色はさまざまで

---

■キーワード■　質問期　前操作的思考段階　前概念的思考段階（象徴的思考段階）　象徴機能

も，4本足で，ワンワンとほえ，動く物をイヌと呼ぶのだと理解し，「イヌ」の概念を正しく獲得したことになる。

このように幼児期後期になると，獲得した概念を用いて事物を分類したり関

表5-1 ピアジェの保存課題に対する子どもの思考の特徴（内田ほか，1991）

| ピアジェの課題 | | 直観的思考期 | 具体的操作期 |
|---|---|---|---|
| 数の保存 | | 子どもは2つの列の長さや密度の違いに惑わされて，並べ方しだいで数が多くも少なくもなると判断する | 子どもは，2つの列は長さと密度が異なるが，ともに同じ数であることを理解する |
| 液量の保存 | A B C | 子どもはA，Bの容器に等量の液体が入っていることを認める。それからBをCに移しかえると液面の高さに惑わされCの方を「たくさん」と答えたり，容器の太さに惑わされCの方が「少しになった」と答える | 子どもはA，Bの容器に等量の液体が入っていることを認める。それからBをCに移しかえると，CにはAと等しい液体が入っていることを理解する |
| 物理量と重さの保存 | A B C | 子どもはA，Bの粘土のボールが等しい量で，同じ重さであることをまず認める。それからBをつぶしてCのソーセージ型にすると，大きさの違いや長さの違いに着目して，量は変化し，重さも変わると答える | 子どもはA，Bの粘土ボールが等しい量で，同じ重さであることをまず認める。それからBをつぶしてCのようにしても，それはBのときと等しい量でしかも同じ重さであることを理解する |
| 長さの保存 | A B | 子どもは個数の異なった積み木を使って，Aと同じ高さの塔を作ることができない | 子どもは個数の異なった積み木を使って，Aと同じ高さの塔を作ることができる |

■キーワード■ 保存課題

連づけたりすることもできるようになってくるが，その際の推理や判断が，その時々の知覚的に目立った特徴によって左右されてしまい，まだ一貫した論理的思考はできない。

　それゆえ，この時期を「直観的思考段階」と呼ぶ。子どもの思考がいかに直観（物の見え方）に惑わされるかは，ピアジェの考えた課題を用いるとよくわかる（表5-1）。同じコップに同じ量の液体が入っていれば，確かに同じ量だとわかる。しかし，細いコップに移すと子どもは混乱してしまう。液体の高さが高くなったのだから，量も増えたに違いないといった具合に，目立つ変化に目を奪われてしまうのである。形は変わっても量は変わらないといった「保存」の概念はまだない。また，高いけれども細いというように，高さと直径の両方の視点を同時に考え合わせることや，元に戻せば同じといった可逆性の思考もできないからである。

### 2）自己中心的思考

　図5-1のように，子どもを椅子に座らせて，どう見えるかをカードで選ばせ，次に，人形からはどう見えると思うかをやはりカードで選ばせてみると，どうなるだろうか。この段階の子どものほとんどは，自分の位置から見える風景のカードAしか選べない。自分がいるところと違う所から山をみれば，山

**図5-1　自己中心的思考**

■キーワード■　ピアジェ→p.195　自己中心的思考

の左右，前後の関係が変わることに気づくことができないのである。このように，自分の視点以外からは物事を見られない性質を，自己中心性と呼ぶ。第4章でとりあげた「相貌的知覚」や「アニミズム」も，幼児期の自己中心性によるものと考えることができる。

### 3) 数　概　念

お風呂の中で母親とともに，「イーチ，ニーイ，サーン」と数える習慣をつけると，3歳児でも，10から20ぐらいは数唱できるようになる。しかし，5まで数唱できても，7個のリンゴから5個を数えて選び出すことは困難である。数唱は計数の前提ではあるが，計数にはさらにいくつかの能力が必要とされる。たとえば，5個のリンゴを数えるときには，リンゴ1個に対して数詞を1つ対応させること，数詞を順に，「1，2，3，4，5」と数え上げること，最後に数唱した数詞が集合全体の数であることなどが学習されて初めて可能となる。

小学校へ入るまでには，一応，10までの数唱と計数が目標とされ，最近ではドリルのような教材を導入して指導する幼稚園も見られるが，幼稚園教育要領にも謳われているように，幼児期における数量に関する指導は，遊びや生活の中で数量を扱う体験を積み重ねるなかで，興味や関心，感覚が養われるようにすることが大切である。

## （3）　基本的生活習慣

前章で触れたように，幼児期前期から見られる排泄，食事などの自律的行動は，さらに，睡眠，清潔，着脱衣などとともに，基本的生活習慣として定着が図られる。基本的生活習慣の獲得によって，大便の始末も，着替えや食事もほとんど大人の手を借りずに生活することができるようになる。

また，いちいち大人から指示されなくても，遊んだ後で片付けをする，風呂から上がったらタオルで体を拭きパジャマに着替えるなど，生活の流れの中で，一連の行動を自発的に行っていけるようになり，自立への基礎がつくられ

---

■キーワード■　相貌的知覚→ p.193　アニミズム→ p.189　自己中心性→ p.192
基本的生活習慣→ p.190

る。エリクソンは，幼児期後期の発達課題として「自発性」をあげたが，この時期に子どもが自分自身の生活を管理していける力を育てていくことが大切である。

　基本的生活習慣を身につけさせるために，まず子どもに効率のよい正しい動作を示し，後は，動作がなめらかで無意識に行えるようになるまで，毎日反復練習させる「型づけ」という方法がある。最初は介助しながら行うが，徐々に介助を減らし一人でできるようにする。たとえば，保育所の子どもたちが同年齢の幼稚園児に比べ，着脱衣が早く上手にできる理由として，午睡時にパジャマに着替える分，着脱衣の機会が多いことが考えられるが，反復練習の効果は大きいのである。最初は時間がかかるが，子どものペースを大事にして根気よく見守ることで，毎回声をかけなくとも自発的に行うことができるようになる。

　さらに，大人は子どもにとっての良きモデルとしての役割を果たすことも忘れてはならない。箸の持ち方，ぞうきんの絞り方，歯磨き・手洗いなどの様子も，案外子どもはよく観察している。子どもたちのモデルとしての，大人自身の基本的生活習慣を見直してみることも大切である。

## （4）　同一視による道徳性や性的役割の獲得

### 1)　同　一　視

　幼児期後期に入ると，子どもは親をはじめとする大人の世界にあこがれ，自分も同じように振る舞ってみたいという態度を示しはじめる。これが，同一視という現象であり，特に同性の親との間に生じることが知られている。たとえば，女の子は，母親が家事をする様子を見て覚えており，ごっこ遊びの中でそれを再現し母親役になりきってみたり，実際に料理を手伝いたがり，「お手伝い」という形で実際に大人の世界に直接参加したりしながらその行動様式や価値観を自分のものとして取り入れていく。子どもが親に対して信頼と尊敬の念を強く抱いているほど，その親に対する同一視の程度は強くなるという。

---

■キーワード■　同一視→ p.193

ラム（1986）は，15ヵ月から24ヵ月の子どもの愛着形成において，父親を愛着の対象として選択するかどうかに優位な性差のあることを見出している。男児の多くが選択しているのに対して，女児ではこうした傾向が見られなかった。ラムは，その理由として，父親の声かけの頻度が，男児に対して多く行われる傾向があることを挙げている。そして，父親は男児に対してより多くかかわろうとし，男児もそれに応じて父親に対しポジティブな関心を向けているといえる。これらは同一視の過程を説明するものだとラムは述べている。

この同性の親との同一視によって，自分が属する社会で男女それぞれに期待されている行動や態度，パーソナリティの特性，すなわち性的役割が獲得されていくのである。

### 2）道　徳　性

道徳性とは，していいことと悪いこととの区別がつく，善悪の判断ができるということである。

ピアジェは，幼児の道徳的判断を，生じた損害の程度等の結果のみによる善悪の判断，すなわち「結果論的判断」であるとし，「お母さん（先生）に叱られるから～しない」というように親や保育者の言いつけに従い権威に依存する「他律的段階」にあると位置づけた。そして，就学後児童期中期頃になってようやく，子どもの道徳的判断は，物事の結果だけでなくどのようなつもりで行動したかという「動機論的判断」に移行し，お母さんや先生に言いつけられなくても自分で判断して行動できる「自律的道徳段階」へ到達するとした。この内面の判断基準が，後に道徳観や倫理観に発展していくのである。

さらに，道徳性の形成には，たとえしたいと思ってもそれがいけないことであれば，自分の欲求を抑え，欲求不満耐性を身につけるという自己統制の力が備わることも不可欠である。平たく言えば，我慢するということであり，現代の子どもたちに欠けているものとしてよく挙げられる。

幼児期後期から児童期前期までのしつけや訓練によって，子どもは社会生活の中での基本的ルール（友だちと仲良く遊ぶ，順番を守るなど）に従って行動

■キーワード■　結果論的判断　他律的段階　動機論的判断　自律的道徳段階

するようになる。子どもは自分の思い通りにならないときに、泣きわめいたり、友だちをぶったりしても効果がないどころか、かえってみんなに笑われたり、叱られたりするという経験を通して、暴力をふるわずことばで伝えるなど、自分自身をコントロールできるようになる。たとえば「ブランコにすぐ乗りたいけど、10数えながら順番を待つ」というように、「～だけど…する」という自己統制の力が育ってくるのである。一般に、子どもは、家庭よりも幼稚園や保育所などの仲間集団において、より強い自制心を発揮するようである。

## 2. 広がる人間関係と遊び

### (1) 仲間との相互作用の重要性

保育所や幼稚園における集団生活が開始されるのに伴って、しだいに親やきょうだいだけでなく、友だちが子どもの社会生活の重要な部分を占めるようになる。図5-2は、遊び相手が子どもの場合と大人の場合の年齢的変化を示し、幼児期後期になると、遊び相手は子どもである場合が圧倒的に多くなることがわかる。子ども同士の遊びの中では一人ひとりの子どもが、それぞれの

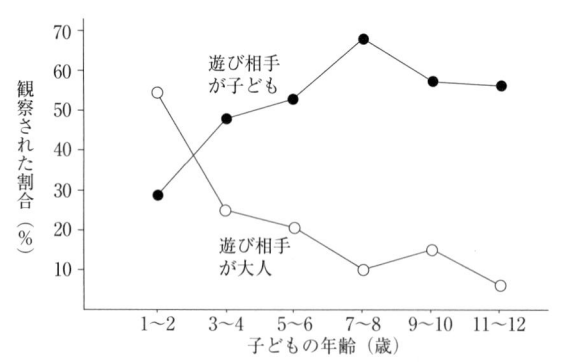

**図5-2** 遊び相手が子どもの場合と大人の場合の年齢的変化 (Elis *et al.*, 1981)

■キーワード■ 仲間集団

「つもり」つまり行動プランをもち，それを追求していく結果，お互いのつもりとつもりとがぶつかり合い，しばしばけんかが生じることになる。しかし，幼児は，そうした自我のぶつかり合いを通して，他人の存在に気づき相手を尊重する気持ちをもって行動できるようになるのである。

### (2) 遊びにおける人間関係

子どもにとっての遊びは欠くことのできないものであり，生活のもっとも大切な部分を占めるものである。遊びを通して，子どもは知らず知らずのうちにさまざまなことを身につけていっている。

パーテン（1932）は，保育園での乳幼児の行動観察から社会的遊びの発達順序を提案した（図5-3）。

① 無関心……特に何かで遊ぶでもなく，何もしないで歩き回ったり，部屋の中を見回したりしている。

② ひとり遊び……他の子どもと関係を持とうとせず，ひとりで自分だけの遊びに熱中している。

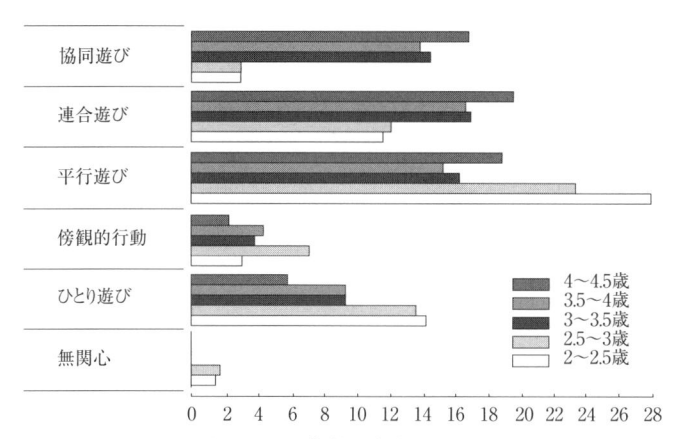

**図5-3 遊びの型の年齢的変化**（パーテン，1932）
▶横軸は，各年齢におけるそれぞれの活動の平均頻度を示す。各年齢には6人の子どもが含まれ，1人につき60回の観察が行われた。

■キーワード■　パーテン　ひとり遊び

③ 傍観……他の子どもが遊んでいるのを見て，質問したり，遊びに口出ししたりするが，遊びに加わらない。

④ 平行遊び……他の子どものそばで，同じような遊びをしているが，相互に干渉したりはしない。

⑤ 連合遊び……他の子どもと一緒に1つの遊びをし，オモチャの貸し借りが見られる，しかし，分業などは見られず組織化されていない。

⑥ 協同遊び……何かを作るとか，ある一定の目的のために遊ぶ。役割分担などの組織化がなされ，リーダーの役割をとる子どもが現れる。

パーテンのカテゴリーは遊びの発達段階を示すとされてきたが，後の研究において，「ひとり遊びは年長児にも見られることから，ひとり遊びが必ずしも社会的未成熟さを示すとはいえない」こと，「平行遊びは，遊びから遊びに移行するときや，連合・協同遊びに至る媒介形態として年長児にも見られること」などが指摘され，必ずしも発達段階を表してはいないとされている。

## 3. 安全基地としての保育者

幼児にとっての幼稚園や保育所での生活，活動をより豊かで創造的なものとするためには，幼児が情緒的に安定し，自己を十分に発揮，表現できることが必須である。そのため，保育者は，幼児一人ひとりとの信頼関係をしっかりと築き，園生活における安全基地としての役割を果たすことに十分な注意を払わなければならない。

### (1) 幼児期に満たされるべき欲求

マズローは，欲求の発達を模式化している（p.153参照）。段階の低い欲求が十分満たされるようになると，次の段階の欲求が出てくるという考え方である。たとえば，生まれたばかりの新生児が生き延びていくためには，まず泣くことで飢えや渇きといった生理的欲求を訴え，これらの欲求を満たしてもらう

■キーワード■　傍観　平行遊び　連合遊び　協同遊び　安全基地　マズロー

ことが最も重要となる。そして，泣けば応えてもらえるという基本的信頼感を形成することによって，安全や安定を得ようとする。幼児になると，親への同一視が現れ，また，友だちを求める気持ちも強くなるなど，集団所属への欲求が出てくる。さらに続いて，自尊，承認の欲求が生じてきて，自分を受け入れ，自信をもち，他人からも認められたいという気持ちが出てくるようになる。

　幼児期の集団生活においては，生理的欲求や安全の欲求の充足はもちろん，所属や愛情の欲求が十分に満たされているかどうかに配慮する必要がある。

## （2）担任への愛着

　子どもが，人間関係を広げていくための基盤として，特定の大人（多くは母親）との間に愛着関係を形成することが重要である（第3章参照）。子どもは，信頼できる大人を安全基地として探索行動を活発に行い，自由に活動できる世界を広げていく。

　4歳児で幼稚園等に入園する場合，入園前に，すでに他の子どもたちとかかわる経験をかなりもっており，環境の変化に対し極度に過敏な反応を示す子どもではない場合，集団生活への参加は一時的な緊張を伴うものの，それほど困難ではない。3歳児で入園する場合も同様のことがいえるが，この時期は担任保育者と愛着関係を形成できるか否かが，適応への鍵となる。入園当初の子どもたちは，まだまだ大人に依存しており，子どもたちは担任保育者を「自分のクラスの担任」とはとらえず，「自分の先生」ととらえる。困ったことがあれば助けを求めて来るし，嬉しいことは聞いてもらいたくて話しに来る。何かに挑戦するときは，「先生，見てて！」，不安なときは「先生，これでいいの？」と常に承認を求める。

　しかし，そういった子どもたちも，5歳児になれば，担任の姿が見えなくても集団で活動できるようになるし，自分たちでトラブルを解決しようとしたり，年下の子どもたちの面倒をみることもできるようになる。

乳児から保育所に入園した場合，幼稚園とは異なる保育時間の長さという要因も加わり，保育者との愛着関係の形成はより重要な意味をもつ。担当保育者との間に形成された愛着関係はその後の人間関係形成の基盤となり，保育者を安全基地として人間関係を広げていく。乳児クラスの保育は多くの場合複数担任で行われることが多いが，このような理論をふまえて，同じ子どもの保育はなるべく同じ保育者が担当するという「担当保育制」をとることが望ましい。時間帯や日によって世話をする人が次々に変わるのではなく，できるだけ，受け入れ，食事，排泄，入眠時の世話は決まった保育者が行うことで，子どもの情緒が安定する。

## （3） 保育者のかかわりの変化

母子関係についての研究で指摘される「相乗的相互作用モデル」の考え方を応用し，双方をお互いに影響を及ぼし合うシステムとしてとらえてみると，幼児の個人差やその発達的変化は保育者のかかわり方に影響を与え，それによってさらに幼児の発達が引き起こされることが予想される。

保育者が成長・発達していくプロセスにおいて，幼児との関係はどのように変化していくのだろうか。高濱（1997）が，指導の難しい幼児への対応を中心として，初心者（保育経験2～4年），中堅者（同5～10年），経験者（同11年以上）を比較したところ，①「保育者は経験を積み重ねても，指導の難しい幼児という認識をもつ」こと，②「経験の豊富な保育者ほど幼児を多様な側面からとらえている」ことなどが見出された。

①においては，初心者が，自分勝手な幼児や集団から逸脱する幼児を，指導が難しいと感じているのに対し，中堅者では，自分を出さない，あるいは出せない幼児や乱暴な幼児を挙げる者が増え，経験者では，大人との会話は達者でも，子ども同士のかかわりが幼いなどの幼児を多く挙げるようになっていた。このような経験による違いは，保育者の個人差への関心度がかかわっていると思われる。経験と共に，クラスの組織や管理が適切に行えるようになると，勝

------

■キーワード■　相乗的相互作用モデル

手・逸脱というタイプの幼児に対しては，それほど問題と感じなくなるであろう。むしろ，自己表出しない，あるいは対人的に未熟といった，初任当時は，目立たず，見逃していた問題の大きさに気づくようになるのではないか。

②においては，経験者が，「個人的課題（生活習慣，情緒的課題など）」「保育者との関係（保育者が見ていないところでの問題行動，教えたり注意しても通じないなど）」「仲間関係（うまくかかわれない，叩いたり物を投げたりするので他の子に嫌がられるなど）」など，複数の視点から幼児をとらえていたのに対し，初心者は「個人的課題」単一の視点のみから幼児をとらえていた。

さらに，保育者は経験を積むにつれて，より多くの情報を集め，それらを関連づけることを心がけ，幼児の状態を探りながらかかわっていくようになっていた。初心者は，問題のある子へ注意したり叱ったりすることで，保育者の思いをわからせようとするかかわり方のみになりやすいことを反省し，一緒に遊んだり，観察したりすることの重要性に気づく段階である。ある中堅者は，はじめは意味もなく突然かみついたりつねったりするように思えた幼児をよく観察することで，その子なりの理由が見えてくるようになったという。幼児と一緒に遊ぶ中で，幼児がその行動をとる状況を理解し，幼児の意図を実現するための援助を行うことができるのである。一方，ある経験者は，援助を受け入れようとしない頑なな態度やことばとは裏腹に人を求めている素振りが見える幼児に対して，本人が構えないで受け入れられるお弁当の片付けや絵本を読む場面をとらえてかかわっていた。保育者は経験を積むにつれ，その幼児には何が必要か，あるいは何が優先するかという緊急度や必要度も考慮できるようになるといえよう。

■キーワード■　個人的課題　保育者との関係

## 4. 保育の中で気になる子どもたち

### （1） 気になる子

　近年，幼稚園や保育所等の保育の場で「気になる子」についてさまざまな報告や取り組みがなされるようになってきている。本郷ら（2003）は保育者が「気になる」と感じる子どもは，「対人的トラブルを頻繁に起こす」「落ち着きの無さが目立つ」「状況への順応性が低い」「ルールを守らない」といった特徴をもつことを指摘している。

　入園前に，保護者に対して，子どもの入園にあたって気になっていることを聞くと，登園を嫌がらないだろうか，同年齢の子どもの仲間集団にうまく入っていけるだろうかというようなことが多い。子どもを受け入れる保育者の側でも，以前は，はじめての集団生活に適応できない子どもたちについて，入園までの経験不足が原因と考えられ，集団生活に慣れるに従って徐々に問題が目立たなくなっていくと思われていた。

　しかし，実際には，他の子どもたちが落ち着いて園生活を送れるようになるに従って，問題が目立たなくなるどころか，徐々に気になる部分が目立つようになり，4歳児クラスにおいては3歳児，2歳児よりも「気になる子」が多いという研究結果も示されている（本郷ほか，2003；日野ほか，2008）。

　ここでは，保育の場で「気になる子」，及び，幼児期に現れやすい「気になるくせ」を取り上げ，その特徴と対応についてみていくことにしよう。

### （2） 友だちと遊べない子

#### 1） 乱暴な子

　順番を守れず，まわりの子が注意すると暴力を振るう，あるいは，周りの子どもが「戦いごっこ」のつもりでやっている遊びの中で，手加減せずに攻撃し

---

■キーワード■　気になる子

続けるなど，乱暴な行動が目立つ子どもがいる。時には，保育者や実習生に対しても執拗に殴る，蹴るを続けたり，年下の子どもに対して押し倒したりという行動が頻繁に見られ，保育者は常に目が離せない。その場で注意し，危険なことをよく言い聞かせると「ごめんなさい」と口にするが，すぐにまた繰り返すというようなこともみられる。このような子どもについて，身辺自立や，言語発達などに遅れが無い場合，「発達の遅れ」として理解することは困難で，効果的な対応の方法もわからず，周りの子どもへの危険があるだけに保育者は最も頭を悩ませる。

　従来，このような子の親が厳しく叱責したり，拒否的な態度をとる場面が多いことをとらえて，親の養育態度が乱暴な行動の原因とする説が支持されることもあったが，近年の親子間の相互作用の研究等の成果からはむしろ，子どもの行動特徴が親の態度に影響を与え，その態度に反応して子どもの行動特徴がより顕著になる場合が多いと考えられている。そして，保育者と子どもの間にも同じような相互作用が生じている可能性がある。すなわち，乱暴な行動をとる子どもの行動に対してはどうしても制限，禁止，そして時には叱責といった対応がとられやすく，子どもはストレスの高い対人関係を多く経験することになり，他者との心地よいコミュニケーションを経験する機会は少なくなる。つまり，褒められたり，認められたり，やさしいことばをかけられたり，楽しくやりとりをする経験が他の子どもに比べて極端に少ないのである。

　危険な行動に対しては園全体で対応し，担任が，根気強く信頼関係をつくるような働きかけを続けることで，結果的に指示が通りやすくなり，行動が落ち着いて来る場合がある。そのうえで，自分の気持ちを暴力以外の方法で伝えたり，欲求をコントロールする方法を身につけさせていく必要がある。

2) 落ち着きのない子

同年齢の子どもたちに比べて，極端に落ち着きのない子の中には第9章でとりあげる「発達障害」が疑われる子どもたちも含まれるが，保育者はあきらかに障害をもつと思われる子どもたちよりも，むしろはっきりと診断がつきかね

▰キーワード▰　親の養育態度　発達障害

る子どもたちを「気になる子」としてとらえることが多い。

　3歳未満児，または入園まもない子どもが，落ち着いて保育者の話をきけないのはやむをえないが，4歳児，5歳児になっても，すぐにほかに気をとられて保育者の話が聞けなかったり，椅子に座って待てなかったり，帰りの会の途中で勝手に保育室を抜け出してしまうなどの行動がみられる場合がある。また，ひとつの遊びにじっくり取り組むことができずに，次々と別の遊びを始めては，途中で投げ出してしまうというような行動をとる子どももいる。こういった子どもの場合も乱暴な子の場合と同様，制限や禁止を受ける体験が多くなりがちで，遊びの中で，他者と協働する楽しさや，達成感を経験したことがない子どももいる。保育者の話に耳を傾けられるようにするには，まず保育者との信頼関係を築くことが大切である。また，保育者が子どもと一緒に喜びや達成感を体験できるような遊びをしかけ，子どもを巻き込んでいくことで友だちと遊ぶことの楽しさを実感させていくことが効果的な場合もある。

　ADHDなどの発達障害に関する研究が進み，中枢神経系の障害が原因で多動や，注意集中の困難を示す子どもたちがいることがわかってきたが，原因の如何にかかわらず幼児期の子どもたちの「落ち着きのなさ」は，環境構成の工夫や周囲の対応によって大きく変化する。保育の中で，できる限りの工夫しながら，子どもの状態によっては療育機関等との連携が必要になる場合もある。

　3）　園では話をしない子

　家では話すことができるにもかかわらず，特定の社会状況（たとえば幼稚園や学校）では一貫して話すことができない状態を示す子どもがいる。「選択性緘黙」あるいは「場面緘黙」と呼ばれ，器質的な障害ではなく，社会性の問題であるとされている。家庭では普通に話しているので，親たちには問題意識がなく，幼稚園や保育所から連絡を受けて驚くこともある。

　無理に話させようとする厳しい姿勢ではなく，緊張の緩和や不安な気持ちを取り除く働きかけを行っていく必要がある。話させることだけにこだわると，かえって子どもを追い込み，ますます閉じこもらせてしまうことになりがちで

---

■キーワード■　ADHD → p.193　選択性緘黙（場面緘黙）　中枢神経系 → p.193

ある。話はしないが，集団行動は普通にできている場合には，言語的な表現にこだわらず，首振りでの意思表示や，絵を描いてやりとりすることを認め，今できることを大事にしていくという姿勢が大切である。

### 4) 登園を嫌がる子

幼稚園や保育所への登園を渋る理由の第一は，「お母さんと一緒にいたい」という分離不安が原因であると思われる。入園したての子どもが，分離不安を示すのはやむをえないが，入園後何ヵ月経っても保護者にしがみついて離れようとしない場合には，子どもから離れることに保護者自身が不安になり，その気持ちに子どもが巻き込まれてしまう「不安の共鳴現象」が生じていることもある。このようなケースでは保護者の話に耳を傾け，園の様子を詳しく伝えたり，保護者同士が情報交換できるような場をつくることが効果的である。

また，それまで問題なく登園していた子どもが突然登園を嫌がるようになった場合には，原因として何らかの環境の変化が考えられる。園生活の中で思い当たる原因がある場合には，保育者が子どもの気持ちを十分に理解し，適切に対応することが必要である。ただし，理由を聞かれて子どもが話す内容が事実とは限らない。たとえば，母親に「いじめられるから幼稚園に行きたくない」と言っている子どもがいても，園での様子を見る限り，保育者にはまったく心当たりが無い場合がある。結果的に家庭での両親の不仲が子どもの不安を大きくし，登園を嫌がっていたというような例もある。

「いじめられる」ということばの表面的な意味よりも，その奥にある不安な気持ちを受け止め，対応を考えることが大切である。

## （3） 気になるくせ

### 1) チック

チックとは，自分がそうしようとは思っていないのに，勝手にある部分の筋肉が動いて特に目的のない運動を繰り返すことをいう。運動性チックは，まばたきをする，首を振るなど上半身に現れるが多い。音声チックには「あっ」

■キーワード■　分離不安　不安の共鳴現象　チック

「うっ」などの奇声を発したり，咳払いのように「くうっ」とのどをならしたりするものもある。

　チックは5歳頃から発症し，小学校入学前後に最も頻繁にみられるが，多くは1年以内に治まってしまう一過性のものである。主として不安や葛藤によって生じる緊張がきっかけであると考えられ，チックそのものをやめさせようと周囲が口うるさく叱ったり罰したりすることは，効果がないどころか，子どもの緊張を高め，かえって症状を悪化させてしまう。もし，家族や友人関係などにストレスの原因があれば，そちらの改善を図ることが結果としてチック症状を軽減することになる。

　多様な運動性チックと音声チックの重複症状が長期間にわたって続く重度のチック症状を，トゥレット症候群という。重度の症状が長引く場合には，医療的なサポートが必要となる。

### 2) 指しゃぶり

　問題とされるのはだいたい2歳以上の指しゃぶりである。それ以前の乳児期にみられる指しゃぶりは，敏感な口唇を使って，指の感覚を楽しんでいる感覚運動的な探索活動であり心配はいらない。子どもが不安な状態や手持ちぶさたな状態で指しゃぶりをしている時には，気持ちを受け止め，手をつないだり，遊びに誘ったりすることが必要である。また，就眠儀式として就寝時にのみみられるような場合は，永久歯が生えてくる5歳ぐらいの年齢になったら，歯列に影響が出ることを話せば，納得してやめられることもある。

　チックの場合と同様，指しゃぶりそのものだけをやめさせようとする働きかけは，効果がない。悩んでいる保護者への対応としては，「欲求不満が指しゃぶりにつながるのですからもっとかかわってあげてください」といった助言は効果がないばかりか，親としての自信を失わせることにつながりやすい。日頃，保育者が子どもに対して行っているかかわりの様子を親の前で見せること，すなわちかかわりのモデルを見せることが有効である。日常生活の中で無理なく実践していけるような具体的対応を伝えるということを心がけたい。

■キーワード■　　トゥレット症候群　指しゃぶり

## コラム5：保育所，幼稚園と小学校との壁

「もうすぐ小学校に行くんだから，それぐらい1人でできないとね」。いよいよ本格的な学校教育が始まるという期待や不安から，親たちも小学校入学には強い緊張感をもつ。もちろん，小学校入学を間近に控えた子どもたちは，新しい環境への不安や緊張，そしてまだ見ぬ友だちや先生への期待で胸がいっぱいのことだろう。

小学校入学と共に，一日の流れも大きく変わる。園の生活にはなかった時間割に沿い，チャイムの合図に従って，すばやく行動を切り替えることが求められる。授業中は勉強をする時間であり遊びは休み時間に行うこと，休み時間には排泄や次の時間の用意なども手早く済ませておくことなどを身につけていかなければならない。

この大きな環境移行に挑む就学時期の子どもたちにとっては，保護者の援助が欠かせない。伊藤ら（1997）によると，保護者が入学前に知りたいと考えている情報は，学習面については「準備」（文字，数，体育，生活などでどの程度できていれば入学後困らないのか）や「全般」（1年生の教科の大まかな内容や方針），生活面では，「いじめ」（いじめについての学校側の考えや取り組み）や「全般」（帰宅時間を含めた時間割や通常の学校生活について）であった。また，在園児保護者は，小学校に関する情報を，きょうだいを就学させての経験や就学させた経験をもつ保護者等から間接的に得ていることがわかった。就学時健診や入学事前説明会など，さまざまな機会をとらえて，保護者が知りたい情報を，関係者から直接得られることが望まれる。

また，小学校1年生が学校生活になじめない「小1プロブレム」対策について，中央教育審議会は，「幼児教育と小学校教育との連携，接続の強化改善」（2005）を強調している。取り組みとしては，保・幼・小の教職員が，相互に保育・授業参観や職場体験をし合うことなどが示されている。保育所や幼稚園における保育者は，遊びの環境を整える等の支援者であり，こうしたいわゆる「自由保育」はまさに「総合的な学習の時間」を先取りした形ともいえる。一方，受け入れ側の小学校には，子どもたちが一斉指導に適応できない原因を，保育所や幼稚園が自由保育を取り入れ，子どもたちが勝手気ままに行動することを容認し過ぎているからだとする声も根強くある。現代の刺激的な情報化社会で育った子どもたちが，学習内容を画一的に伝達しようとする指導に対して「乗ってこない」のは事実である。

子どもたちは入学式の日からいきなり「小学生」になるのではない。幼児期から児童期へのスムーズな接続のためには，さらなる保育・教育内容の相互理解や連携が望まれるといえよう。

# 第6章

# 児　童　期

　児童期は知的機能の発達などによって，子どもの世界の見方が大きく変わる時期である。また小学校入学を機に，子どもは社会への第一歩を踏み出すことになる。小学校に入ると，それまで1日の大半の時間を母親と過ごしていたのが，仲間や教師とのかかわりが多くなることで，人間関係も大きく広がっていく。そうしたさまざまな人間関係のなかで，子どもは社会性や道徳性を養い，心身ともに大きく成長していくのである。

## 1. 学びの時代

### (1) 知的機能の発達

児童期に入ると，子どもは他者の視点に立って物事を考えるようになったり，見かけに頼らずに判断するなど，自己中心性から脱却することで（脱中心化），より知的機能を発達させる。ピアジェ（1949）によると，児童期の子どもの認知発達は，具体的操作期と形式的操作期の2つの段階からなる。

#### 1) 具体的操作期

7，8～11，12歳ごろの具体的操作期に入ると，子どもはある程度の論理的思考が可能になる。ある程度というのは，具体的な内容や実際の経験をもとにした事象に限っての範囲である。したがって，この時期の子どもは「AがBよりも大きく，BがCよりも大きいのならば，AはCよりも大きい」というような推論はできない。A，B，Cという記号での説明は抽象的で具体性がなく，理解することが困難である。また，実際の経験をもとに判断することができない推論においても，具体的操作期の児童にとっては難しい。たとえば，「アリは猫よりも大きく，猫は象よりも大きい，ではいちばん大きいのは何か？」という，事実に反する事柄，あるいは自分の経験に反する内容の推論はできない。具体的操作期の子どもはあくまでも，事実や自分の経験に基づく内容においてのみ，推論が可能なのである。この限界を超えられるのは次の形式的操作期に入ってからである。

#### 2) 形式的操作期

11，12歳ごろからの形式的操作期に入ると，抽象的で概念的な内容においても論理的思考が可能となる。つまり，自分の経験だけに頼るのではなく，頭の中で論理を組み立てることで，さまざまな可能性を想像することができるのである。

■キーワード■　具体的操作期　形式的操作期　論理的思考

形式的操作期の思考を特徴づけるものとして，天びんのつりあい課題があげられる（Piaget & Inhelder, 1958）。実験者は子どもに図6-1のような天びんを提示し，おもりを使って天びんのつりあいを取らせ，さらにつりあいが保てている理由を回答させる。その結果，具体的操作期の子どもはつりあいをとるために，おもりを加えたり除いたりするものの，いきあたりばったりで操作を繰り返す。一方，形式的操作期の子どもは，天びんのおもりの重さと支点からの距離の関係をもとに，「支点からの距離が遠いのであれば，天びんのおもりを減らせばいい」「支点からの距離が同じならば，同じおもりが必要だ」というように，あらゆる可能性を考え，自分で仮説を立てて検証していく仮説演繹的な思考をするのである。

　また，具体的操作期の子どもにおいては自分が実際に経験したことや，具体的事物に頼って考えることが非常に多いが，形式的操作期の子どもは抽象的な概念について考えることも可能となる。たとえば，距離・時間・速さといった抽象的な事柄においても理解できるようになる。走った距離を走った時間で割る速度というものは，具体的事物として表すことができない。しかし，形式的操作期の子どもは具体的事物に頼らなくとも，仮説や論理に基づく抽象的な世界での思考が可能になるため，そのような事柄についても理解することができるのである。このことは，小学校の算数で，具体的な図や絵を使った文章題を

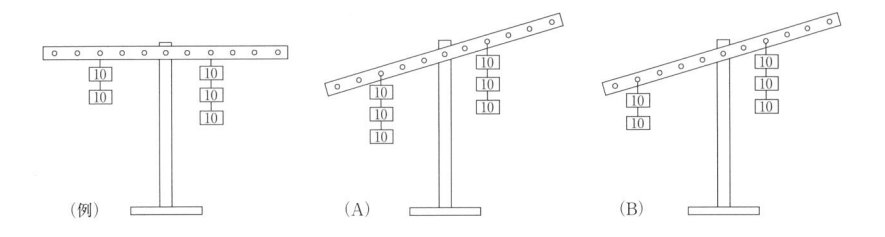

　(A)，(B) それぞれの天びんのつりあいをとるためには，左に示したような重さの違う3つのおもりのうち，右側にどのおもりをつなげればよいだろう。(例) を参考に考えてみよう（3つのおもりのうち1つだけでも，または，組み合わせて使ってもよい）。

**図6-1　天びん課題の例**

用いられることが多いのに対し，中学校の数学では，記号や数式といった抽象的なものが多くなることからもわかる。つまり，形式的操作期の子どもが抽象的思考をするということが想定されているのである。

## （2） 学習への適応

### 1） 学業不振

児童の中には，基礎学力が身につかず，学業不振に陥いる子どももいる。低学年ではさほど学力の差は目立たないが，高学年になると，学習内容が難しくなることや学業成績の重要度も増してくることから，個人間の学力の差が目立つようになる。「9歳の壁」といわれるように，小学校中学年から高学年にかけて学習活動に困難を示し，授業についていけなくなるなど，学業不振に陥る児童がでてくる。

「学業不振」とは具体的に，学力偏差値から知能偏差値を引いた成就値が，－7から－10以下を示す者のことであり，アンダー・アチーバーともよばれる。学業不振と知能の間には関連があるとされているが，そのほかの学業不振の原因としては，性格や家庭環境などの要因があげられており，またこれらが複雑に関連している場合もある。学業不振児への対応や指導においては，学業不振の原因を究明するとともに，子どもに対し個別に指導していくことで，学ぶことへの興味や関心を引き出すことが大切である。

### 2） 学習障害（LD）

学業不振の子どもとは区別され，基本的な学習能力を欠く「学習障害（LD）」をもつ子どもたちがいる。学習障害とは，「基本的には全般的な知的発達に遅れはないが，聞く，話す，読む，書く，計算する又は推論する能力のうち特定のものの習得と使用に著しい困難を示すさまざまな状態」とされている（学習障害及びこれに類似する学習上の困難を有する児童生徒の指導方法に関する調査研究協力者会議, 1999）。

学習障害をもたらす原因としては，中枢神経系に何らかの機能障害があると

■キーワード■　学業不振　アンダー・アチーバー　学習障害

推定されているが，まだはっきりとした原因は明らかにされていない。

### （3） 生涯学習時代に必要なこと

#### 1） 現代社会に生きるために

現代ではインターネットが普及したことによって情報化が進み，国際化の進展や世界経済の変化，環境問題，少子高齢化の問題など社会がめまぐるしく変化している。それに伴い，私たちの生活様式も常に変わりつつあるものとなった。このような状況のなかで私たちはその変化に対応して生きていくために，絶えず学ぶことが必要とされている。また，学習は現代社会を生きるために必要なだけでなく，人が豊かな人生を送るうえでも大切な営みでもある。私たちは，学習によってさまざまな知識を得るだけではなく，学ぶことの楽しさを味わうこともできる。

#### 2） 生 涯 学 習

1965年にユネスコ成人教育推進国際委員会で，ラングランによってはじめて生涯教育という考えが広まった。ラングランは，学校という場は未来に目を向ける教育をすることが必要であり，教育は成人になるための準備としてではなく，生涯通じて行なわれるべきものだと主張した。後に日本においても生涯教育の重要性が取り上げられ，「生涯学習」を柱とする教育体制の整備が進められてきた。「生涯学習」は人が生涯にわたって取り組む学習であり，学習の場は，小学校・中学校・高校・大学といった学校機関だけでなく，地域社会のあらゆる学習施設（図書館や公民館，博物館など）も含まれる。

#### 3） 学び方を学習する

1996年に中央教育審議会は学校教育において，生涯学習時代に必要な子どもの「生きる力」を育成することを提案し，「総合的な学習の時間」を設置した。小学校では3年生以上に週3時間程度がこれに割り当てられている。この時間のなかで，子どもは学校外での体験活動を通じて，自然や地域社会と接し，探究心や学ぶ意欲を養う。「総合的な学習の時間」のねらいとしては，①自ら学

■キーワード■　少子高齢化　生涯学習　総合的な学習の時間

び，自ら考える力の育成，②学び方や調べ方を身につける，の2点が挙げられている。このように，学校が終われば学習も終わるというのではなく，生涯にわたって学習が必要とされる現代においては，子どもが将来自分で学ぶためのすべを，学校教育のなかで身につけていくことが重要なのである。

## 2．学校生活と人間関係

### （1）仲間関係の発達

#### 1）人間関係の広がり

幼児期に比べ，小学校に入学すると，時間的にも，空間的にも親から離れることが多くなる。しかしその一方で，学級での仲間や教師とのかかわりが増え，人間関係が大きく広がる時期でもある。特に，小学校では仲間との集団生活が大きく展開されるようになり，子どもにとって仲間関係は非常に重要な意味をもつものとなる。

また幼児期では，同じクラスの皆が友だちであったのに対し，児童期になると仲の良い友だちが限定される。同性の友だちと仲良くするようになったり，「親友」といった存在もでてくる。

#### 2）友人選択の要因

学級という1つの集団の中で，児童の仲間関係はどのように成り立っているのだろうか。また児童はどのような友達と仲良くしたいと考えているのだろうか。これらを調査する方法として，モレノ（1978）によって開発されたソシオメトリック・テストがある。これは学級内活動（係りの活動，席替え，遊びなど）について，児童に対し「誰といっしょにしたいか」を尋ね，またその理由もあわせて報告させることによって，集団の仲間関係や友人選択の要因を明らかにするものである。田中（1975）はソシオメトリック・テストを用い，児童がどのような要因で友だちを選択しているのかを調査した。

■キーワード■　仲間関係　モレノ　ソシオメトリック・テスト

その結果，①相互的接近（家や教室の座席が近い，通学路が一緒など），②同情・愛着（感じがよい，なんとなく好き，親切など），③尊敬・共鳴（勉強ができる，熱心，責任感があるなど）の3つの要因があることがわかった。図6-2によると，年齢とともに友人選択の要因が変化していくことがわかる。低学年の児童は，「家や教室の座席が近いこと（相互的接近）」，高学年の児童は「勉強ができる，熱心，責任感がある（尊敬・共鳴）」という要因で友だちを選択している。このように，家や教室の座席の近さといった外的要因は，学年があがるにつれて減少していき，知的な能力や性格といった内的要因へと変化していく。これは学年が上がるにつれて，学習や学校活動の重要性を認識しはじめ，友人の勉強面や活動への熱心さに関心が高まるからであろう。

また，低学年の児童の友人関係は不安定で，短い期間で変化するが，高学年

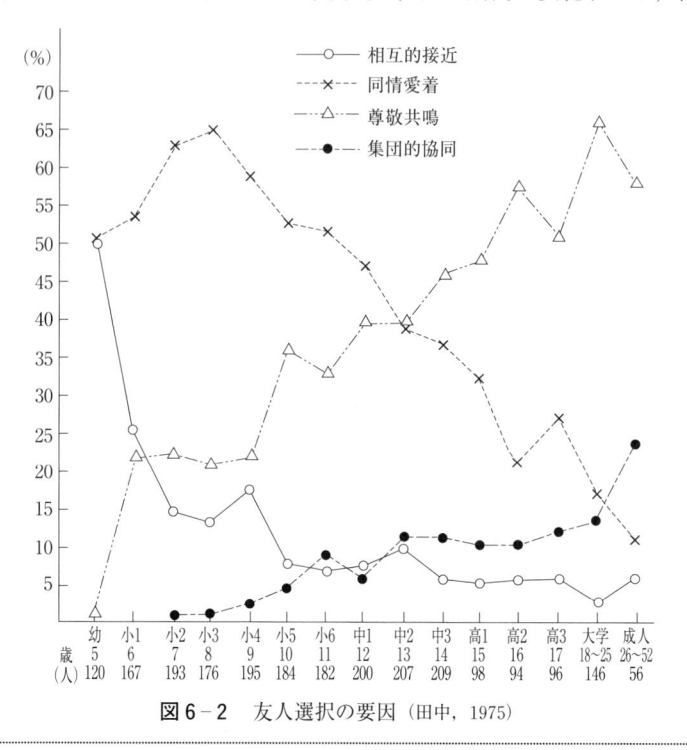

図6-2 友人選択の要因（田中，1975）

■キーワード■ 友人選択の要因

の児童の友人関係は比較的安定しており，交友関係も持続するといわれている。これは低学年では物理的な要因が，高学年では相手の性格が友人選択に影響するからだと考えられる。

### 3) 仲間集団の力

クラスという1つの学級集団では，きまりや規則などをもとに皆が一緒に活動することになる。このようなフォーマルな集団に所属することによって，子どもは対人関係能力などの社会的スキルや情緒的な安定を得ることができる。

しかし，一方でマイナス面もある。集団という大きな共同体のなかでは皆と一緒の意見をもったり，一緒に行動するという同調行動が多くなる。時にこのような同調行動は，きまりや規則などを守っていない個人や，同じ意見をもたない個人に対して，集団で仲間はずれにするなど，「いじめ」に発展する危険性もある。

### 4) ギャング・エイジ

学級集団は子どもにとってフォーマルな集団であるが，子どもの世界にはインフォーマルな集団も存在する。たとえば，ギャング集団がある。ギャング集団は小学校中～高学年ごろの，同性でほぼ同年齢ごろの児童3～10人程度で構成される。このギャング集団の活動が展開される児童期後期までの年代をギャング・エイジという。

このグループの特徴は，閉鎖的で団結力が強いことである。児童期半ば頃になると子どもの仲間関係が発展し，友人同士の結びつきが強くなるため，このようなグループがつくられる。ギャング集団に所属する児童は共通の秘密や約束事をもち，「われわれ意識」によって強く団結している。そしてその集団のなかでの自分の役割を果たしていくうちに，責任感や協調性が芽生え，社会のルールやコミュニケーション能力を獲得していくのである。

現在では子ども同士が集団で遊ぶ姿はほとんど見られなくなり，このようなギャング集団も過去のものになりつつある。最近の青年は「良好な友人関係をつくることができない」「コミュニケーション能力が不足している」といわれ

■キーワード■　同調行動→p.194　いじめ　ギャング・エイジ→p.190

ているが，児童期にギャング集団での活動を経験しなくなったことが原因の1つにあげられている。

しかし一方，ギャング集団はインフォーマルな集団であるため，活動が把握されにくい。教師や親の目の届かないところで活動することもあり，いじめや仲間はずれなどの問題が起きることもある。ギャング集団は，社会性の獲得などのプラスの要素がある一方，さまざまな問題を引き起こすマイナスの要素も存在する。

### （2） 社会的スキルの獲得

子どもは他者との関係の中でしだいに社会的スキルを身につけ，友だちや周りの大人との人間関係を築き，維持し，発展させていく。社会的スキルは，自分が直面している場面がどのような状況であるかを判断し，その場にふさわしい行動を適切に実行する技能のことである。これには大きく分けて，ことばで自分の意見や気持ちを伝える言語的なものと，表情やしぐさなどの非言語的なものがある。普段なじみのある「あいさつをする」「ほほえむ」「あいづちを打つ」という行為や，相手の立場に立って物事を考えたり，皆と仲良く遊ぶこともこれに含まれる。言語的・非言語的にかかわらず，人との関係を円滑にしていくうえではどちらも重要である。

ところが最近では，このようなスキルが身に付いていない子どもが増えている。社会的スキルが欠如していると，自分の気持ちや要求を適切に表現できないために，消極的で引っ込み思案になったり，あるいは乱暴で攻撃的な行動に頼ってしまうなど，さまざまな問題行動を引き起こすことにもつながる。しかし訓練すれば身につく「技能」であることから，学校現場では社会的スキル・トレーニングを授業に取り入れる試みが行われている。

■キーワード■　社会的スキル　問題行動

## （3）学校生活への適応

### 1）学級集団の一員として

　児童が小学校に入学して直面する大きな課題は，学校生活に適応していかなければいけないことである。それまでの幼稚園や保育所での集団生活とは異なり，時間割に従って授業を受けることや，学級の規則やきまりを守って行動するといった，今までよりも自由が制限された生活を送るようになる。小学校では，学級集団の一員として行動しなければならないからである。また，生活の大半を学級の仲間や教師と過ごすことになるため，仲間や教師ともうまくやっていかなければならない。このように，さまざまな課題を乗り越えていくことで，学校生活に適応することができるのである。しかし，中には学校生活に適応できずに，不登校になる子どももいる。

### 2）不登校

　「不登校」とは，何らかの心理的，情緒的，身体的，あるいは社会的要因・背景により，児童生徒が登校しない，あるいはしたくともできない状況にあること（ただし，病気や経済的な理由にあるものを除く）をいう（文部科学省，2006）。

　平成17(2005)年度の文部科学省の調査によると，全国の国立・公立・私立の小学校に通う児童のうち，病気や経済的な理由を除いて，1年間に30日以上欠席した者は22,709人であった。これはおよそ320人に1人の割合で不登校になっていることを示す。また，不登校は高学年の児童に多く見られ，学年が上がるとともに増加傾向にある。不登校のきっかけとしては，「本人にかかわる問題」「親子関係をめぐる問題」「友人関係をめぐる問題」といった要因があげられており，児童においては友人関係が学校生活で重要な位置を占めていることが分かる。

　また不登校にはなっていないものの，不登校を上回る数の「不登校願望」をもつ児童も存在しているのが現状である。学校現場では不登校につながる危険

■キーワード■　不登校

表6-1　いじめの発生件数の学年別，男女別内訳（文部科学省，2006）

| 区分 | 男子 | 女子 | 計 |
| --- | --- | --- | --- |
| 1年生 | 139 | 88 | 227 |
| 2年生 | 192 | 124 | 316 |
| 3年生 | 310 | 256 | 566 |
| 4年生 | 485 | 435 | 920 |
| 5年生 | 684 | 737 | 1,421 |
| 6年生 | 840 | 797 | 1,637 |
| 計 | 2,650 | 2,437 | 5,087 |

性を配慮し，不登校を未然に防ぐためにスクールカウンセラーを配置するなどの対処をとっている。

　不登校は小学校に通う児童だけでなく，中学校や高校に通う生徒にも共通する深刻な問題である。不登校の子どもたちを支援する機関としては，フリースクールやサポート校などの教育施設があり，さまざまな教育や学習活動を提供する場となっている。

### 3）学級の荒れ

　児童が学校生活に適応できないことは，「不登校」だけでなく「学級崩壊」にも表れている。学級崩壊とは，子どもたちが教師の指示や指導に従わないために授業が成り立たない，学級の秩序が保てなくなる，などの現象である。学級崩壊の要因としては，家庭の教育力が低下したために子どもの基本的生活習慣が身に付いていない，教師の指導力が乏しいなどさまざまである。また学級崩壊は，校内暴力やいじめによって，学級の人間関係がすさんでいることにも原因がある。特にいじめは，今日の日本において最重要課題の1つである。

### 4）いじめ

　いじめとは，「自分より弱い者に対して一方的に，身体的・心理的な攻撃を継続的に加え，相手が深刻な苦痛を感じているもの」であり，いじめが起こる場所は学校の内外を問わない（文部科学省，2006）。

　いじめの内容としては，①冷やかし・からかい，②ことばでの脅し，③仲間

■キーワード■　サポート校　学級崩壊　いじめ

はずれ，④暴力，などさまざまではあるが，いずれにしてもいじめを受けた児童にとっては大きな傷となる。

　平成17(2005)年度の文部科学省の調査によると，全国の公立小学校でのいじめの件数はおよそ5,087件にも及んだ（表6-1）。また平成18(2006)年には，いじめによる児童の自殺が相次いで起こった。このような現状をふまえ，平成19(2007)年，文部科学省は緊急措置として，電話での24時間いじめ相談ダイヤルを設置し，児童の心のケアや，いじめによる児童の自殺の防止策をとった。また学校現場ではスクールカウンセラーを配置し，家庭や関係機関との連携・協力を行っていくことで，いじめ防止に取り組んでいる。

　子どもが学校生活に適応していくためには，人間関係をうまく築いていけるかが大きなカギとなるが，そのことが将来成人になってから，社会に適応していくための第一歩となるのである。

## 3. 自己認識の成立

### (1) 自己認識の成立

　子どもは小学校入学をきっかけに，生活空間を大きく広げ，家族以外の他者と多くかかわるようになる。そして他者とのかかわりの中で，他者とは違う「自己」について意識するようになる。

#### 1) 自己認識の発達

　児童期の子どもは自分自身をどのように認識しているのだろうか。自己認識を調査する方法として，「私は……」から始まる文章の続きを記述し，20通りの文章を完成させる文章完成法（20答法）がある。モンテマイヤーとアイゼン (1977) による20答法によると，児童期中期の子どもは名前，身体的特徴，自分の持ち物など，具体的で外面的な特徴を多く記述する。しかし児童期後期になると，性格や信念など抽象的で内面的な特徴が多くなり，自己概念が多様化

■キーワード■　文章完成法

していく（図6-3）。これは人間関係が広がり，他者とのかかわりが増えることから，自分から見た「自己」だけでなく，他者から見た「自己」も意識するようになり，自己認識の内容が多様化するからであろう。このように，自己をとらえる際には他者の存在が大きな影響を与えるようになる。

### 2) 他者と比べる

他者との比較は，「あの人と比べて自分はどのくらいできるのだろうか」と考えるように，自分の能力を判断するための自己評価の手段にもなる。小学校に入学すると，学業が本格的に始まり，児童は教師から与えられる成績評価や

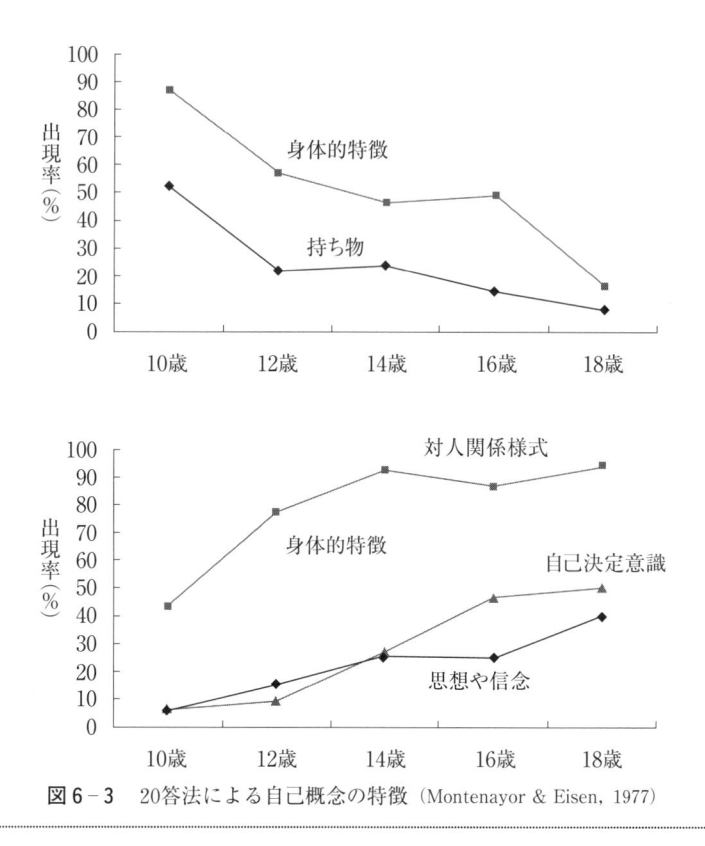

**図6-3** 20答法による自己概念の特徴（Montenayor & Eisen, 1977）

友人と比較することによって，自分の能力を把握するようになる。そのような経験を通してしだいに他者の能力に敏感になり，友だちや教師，親から期待されるような，社会的に認められる自己像を描いていく。そして，実際の自分とその期待される自己像と照らし合わせて自己評価をするようになるのである。

## （2） 自己信頼感の獲得

### 1） 内発的動機づけ

小学校に入学したばかりの児童は，まだ経験したことのない学習や学校活動に対して，強い興味や好奇心を抱き，積極的に取り組む。このような子どもは大人に強制されているのではなく，内発的に動機づけられているため，活動自体におもしろさを感じている。自らの興味や好奇心から，自発的に行動しようと動機づけられていることを「内発的動機づけ」という。内発的動機づけによって学習に取り組む子どもの姿は，親や教師の目から見ても，とてもやる気のある子どもとして映る。周りの大人から強制されるのではなく，自らやりたいという気持ちである内的な要因によって活動に取り組んでいるからである。

### 2） 外発的動機づけ

また，子どもが外的な要因によって動機づけられている場合もある。たとえば，「ご褒美が欲しいから，親や教師からほめられたいから」という場合，あるいは「叱られたくないから」といった罰を避けたいという場合である。このような外的な要因によって行動が動機づけられていることを，「外発的動機づけ」という。外発的動機づけによって学習する子どもは，たとえば最初は褒美のために積極的に取り組んでいても，しだいにやる気がなくなったり，あるいは褒美をもらった後は，その活動への意欲が低下していってしまうことがある。それとは逆に，最初は褒美のためにやっていたのが，次第に活動の面白に気づき，やる気が増してくることもある。これは子どもの学習したいという欲求が，外発的動機づけから内発的動機づけへと変化したためである。

親や教師が強制するのではなく，子どもが自発的に取り組むことは，児童の

■キーワード■　内発的動機づけ

自律をうながすものである。また自ら学び面白いと感じると，自分は他の誰でもない，自分の意思で動いていることを知る。このことが，自分を頼りにしてもよい，自信をもってよいという「自己信頼感」の獲得にもつながる。

## (3) 原因帰属

### 1) 達成動機

ある活動を成し遂げようとする意欲・やる気を達成動機という。達成動機は，人間が社会で生きていく過程で獲得する社会的動機の1つであるが，達成動機の高さには個人差がある。個人が今まで経験した成功や失敗の原因を探る「原因帰属」によって，達成動機は大きく影響されるからである。

### 2) 原因帰属

ワイナー（1979）は原因帰属を，①変えられる要因（統制可能）・変えられない要因（統制不可能），②内的な要因・外的な要因，③安定している要因・不安定な要因の3つの次元に分けた（表6-2）。

この表からわかるように，能力や課題の難しさは変えられないが，自分の努力は変えることができる。たとえば，テストの点数が悪かったときに，テストで失敗した原因を「自分の能力」と考えるか，「自分の努力」と考えるかによって，その後の達成動機に大きく影響する。自分の能力が原因だと考える子どもは，「どうせ自分は頭が悪いから……」と思い，今ある状況を変えられないと思い込んでしまう。そのため，次のテストへの意欲もなくしていってしまう可能性がある。一方，自分の努力が原因でテストの点数が低かったと考える

表6-2　原因帰属の分類（Weiner, 1979）

|  | 内的要因 || 外的要因 ||
| --- | --- | --- | --- | --- |
|  | 安定 | 不安定 | 安定 | 不安定 |
| 統制不可能 | 能力 | 気分 | 課題の難しさ | 運 |
| 統制可能 | 日ごろの努力 | 直前の努力 | 教師の偏見 | 他者からのまれな手助け |

■キーワード■　達成動機　社会的動機　原因帰属　ワイナー

子どもは,「自分の努力が足りなかったからだ」と判断し,今ある状況は変えられると判断する。そのため,さらに努力をすることによって,次のテストで成功しようと考える。能力は本来備わっているものであるゆえに変えることができないが,努力の量や質はいくらでも変えることができる。テストの結果を「自分の努力」に原因帰属する児童は,もっと頑張れば次のテストではいい点がとれるだろうと考え,達成動機を高めていくのである。

### 3) 有能感の獲得

達成動機の強い子どもは,難易度がほどほどの課題を選ぶといわれている。つまり,自分の努力のいかんによっては達成できる課題を選び,満足感や達成感を味わおうとする。しかし,達成動機の弱い子どもは,やさしすぎたり,難しすぎる課題を選択する。やさしすぎる課題はさほど努力しなくとも達成できる。また,難しすぎる課題は失敗しても自分が悪いのではなく,課題が難しすぎたからだと理由づけることができるからであろう。

ドゥエック (1975) は,無気力になっている子ども (8歳〜13歳) を対象に,2つのグループに分けて実験を行なった。一方のグループの子どもに対しては,やさしい課題のみを出して成功経験をさせた。もう一方のグループの子どもに対しては,やさしい課題と難しい課題を出し,子どもが難しい課題で失敗した際には,「自分の失敗は能力のせいではなく,努力が足りなかったせい」と教えこんだ。その結果,後者の子どもの課題成績はしだいに上がり,やさしい課題で成功のみを経験していたグループよりも,学習に対する無気力感が克服されていった。つまり,失敗をしても自分が努力することによって,周りの環境を変えることができるということを知ったのである。これは,「自分はできる」という感覚や自信,つまり「有能感」を獲得していくことにつながっていく。

学習の有能感は,学年が上がるにつれて低下していくといわれている(桜井,1982)。児童をサポートする教師や親は,児童が課題や成績などの結果に対し,どのように原因帰属させるかが重要である。またドゥエック (1975) の実

■キーワード■　有能感　ドゥエック

験から，ただ成功だけを経験するのではなく，失敗を経験させることも大事だということがわかる。子どもが失敗を経験した際には，教師や親が，さまざまな壁を乗り越えていけるよう援助し，子どもがその後の学習を前向きに取り組んでいくことが望まれる。

## 4．現代における児童期の課題

### (1) 情報化社会の課題

#### 1) 情報化への対応

　私たちが生きる現代は，コンピュータが普及し，インターネットによる情報網が全世界へと張りめぐらされ，絶えず新しい情報システムが展開されている。情報化社会に生きる私たちにとって，コンピュータ操作による，文章の作成や表計算ソフトの使用，電子メールの利用，インターネットによる情報収集は欠かせないものとなった。児童期の子どもにおいても，この情報化社会のなかで生きていくには，コンピュータの基本的操作や情報を活用する能力である「コンピュータ・リテラシー」の習得をめざすことが課題とされる。小学校においては各教科や「総合的な学習の時間」の中で，コンピュータの積極的な活用が組み込まれており，情報化に対応した教育が進められている。社会の変化に対応する力を育成するという観点において，情報教育は子どもの「生きる力」の重要な要素としても考えられている。現代の情報化社会に生きるだけでなく，次世代の担い手である子どもにとって，常に変化する情報化への対応は不可欠である。

　しかしそれと同時に，いわゆる「情報化の影の部分」への対応もきちんと指導していく必要がある。インターネットはさまざまな情報を簡単に入手することができるが，子どもがそれを利用する際に，暴力や人権侵害などの不適切な情報から子どもをどのようにして守るかが大きな課題となってくる。また子ど

■キーワード■　コンピュータ・リテラシー

もが情報の送り手となる場合においても，個人情報をむやみに開示しない，個人のプライバシーを守るなどの，情報発信者としての責任や情報倫理を理解させることが重要である。

**2) 情報化がもたらす弊害**

また，本来情報教育は「生きる力」を育成する目的としているのにもかかわらず，子どもがコンピュータの利用に埋もれてしまうという悪影響も懸念されている。コンピュータ画面上での互いの顔が見えないやりとりの増加によって，人と対面するコミュニケーションの機会が減り，人間関係が希薄になったり，あるいはコンピュータ上の仮想体験と現実体験が区別できなくなってしまう子どももいる。これらの問題に対しては，学校教育における対応のみではなく，家庭で指導していくことや地域が協力しあって取り組む必要がある。

## （2） 社会の変化がもたらすもの

**1) 学校・地域環境の変化**

現代の子どもを取り巻く社会は急速に変化している。特に子どもにとって身近な社会である，学校や地域の環境は決して望ましい状況にあるとはいえない。学校では不登校やいじめ，暴力行為など，友だちや教師とのトラブルが多発している。また地域においては，都市化の進展によって子どもの遊ぶ場所がなくなったことや，地域交流が減少したことにより，住民皆で子どもを育てようという意識が薄れてしまった。

**2) 家庭環境の変化**

家庭も子どもを取り巻く重要な「社会」の1つである。家庭においては，核家族化や少子化によって家族形態が変化し，家族成員が減少したことによって家庭の教育力が低下してしまった。また両親の共働きの増加にともない，家族が一緒に過ごす時間が減るなど，子どもの生活スタイルも大きく変わった。

これらの問題を挙げてみると，現代社会は子どもに少なからず悪影響を及ぼしていることが推測される。しかしこのような事態を改善するものとして，昨

---

■キーワード■　生きる力　学童保育→ p.*190*

今「学童保育」が再び注目されている。

### 3) 学童保育

　学童保育で対象とされる子どもは，労働等の理由によって，昼間家庭にいない保護者の児童（おおむね10歳未満）である。これまでも学童保育は，共働きや片親の家庭を支援する機関として存在していたが，最近では民間によるサービスの増加や政府による新たな改革が試みられており，家庭・学校・地域で協力し合って子どもを育てようとする動きがさかんになってきた。

　この「学童保育」については自治体などによってさまざまな呼び名があるが，厚生労働省では法令において「放課後児童クラブ」と定めている。放課後児童クラブは，「共働き家庭など留守家庭のおおむね10歳未満の児童に対して，児童館や学校の余裕教室，公民館などで，放課後に適切な遊び，生活の場を与えて，その健全育成を図る（児童福祉法第6条の2 第2項）」という目的のもとに設置されている。2006(平成18)年度では，15,857か所に設置され，登録児童数は70万4,982人となり，1998(平成10)年より設置数は約6,100か所，児童数は約35万人増加した（図6-4）。この増加からみても，学童保育は今後ますます需要が伸びることが予測される。2007(平成19)年2月には，文部科学省と厚生労働省の連携による「放課後子どもプラン（仮称）」が提案された。この放課後対策では，単に子どもの居場所づくりだけでなく，地域住民と児童の交流活動や，子どもの学ぶ意欲を育むことも目的としている。

　家庭や学校，地域での子育てや教育力の低下が問題視されているなか，行政が一体となって制度を設け，児童の教育に取り組む必要性がでてきたのである。

### (3) 遊びの変化がもたらすもの─現代の子どもの遊び─

　今日では，高層ビルやマンションなどが多く建設されたことによって，子どもの「遊ぶ場所」がかなり減ってしまった。子どもを狙った凶悪犯罪も多発しており，戸外では気軽に子ども同士で遊ばせることもできなくなった。また学

■キーワード■　放課後児童クラブ

図6-4　放課後児童クラブ数及び登録児童数の推移（文部科学省・厚生労働省，2007）

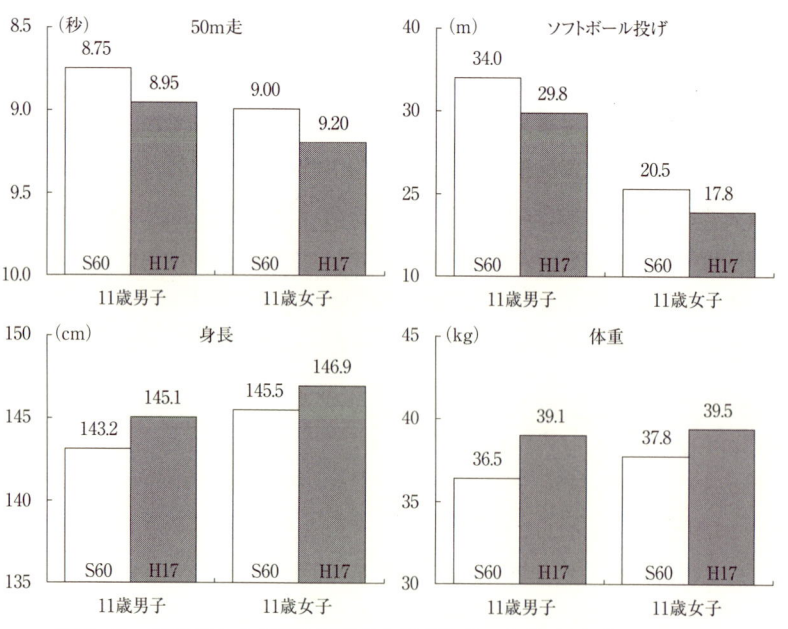

図6-5　20年前との基礎的運動能力及び体格の比較（文部科学省，2005）

歴が重視される現代社会では，特に都市部で中学受験をする子どもが急増しており，放課後は塾での学習に時間を費やすため，「遊ぶ時間」もないのが現状である。また農村部においては，過疎化によって「遊ぶ仲間」が減少してしまった。このように，現代の子どもたちにとっての地域社会は，ほとんど機能しなくなりつつある。このような現状においては，仲間との遊びを通じて獲得される，子どもの社会性や道徳性の発達が阻害される恐れがある。さらには子ども間の仲間意識も弱くなっていることから，人間関係の希薄化も問題視されている。

　もちろん現代の子どもが遊ばないというのではない。しかし，ひとりで室内でテレビを見たり，テレビゲームをするなど，家の中に閉じこもって遊ぶことがほとんどである。このように昔に比べると，戸外での身体を使った遊びが少なくなったことから，子どもの身体能力の低下も懸念されている。図6-5によると，この20年間で日本の子どもの身長・体重は増加し，体格が向上されているにもかかわらず，運動能力は低下していることがわかる（文部科学省，2005）。

### コラム6：友だちの成功を素直に喜べるか？

　私たちは本来，高い自己評価をもちたいと思っている。小学校低学年くらいまでの子どもは，自分の能力を他者と比較すること自体少なく，自分が好きなことには高い自己評価をもっていることが多い。たとえば，野球が大好きなら，「僕，野球が得意なんだ」と言える。ところが，学年が上がるにつれ，他者との比較によって自分の能力を評価するようになり，「野球は好きだけどチームの中ではあまり上手な方ではない」というような評価もするようになってくる。場合によっては高い評価を受けた友だちに対しての「嫉妬」や「妬み」という感情も生まれる。

　Tesserの自己評価維持モデル（1984）は，高い自己評価をもつ過程を体系的に説明している。このモデルによると，人間が自分自身に対する肯定的な評価を守ろうとして，他者の行動を処理する場合に，他者との「心理的距離」，課題の「自己関連性」，他者の「遂行レベル」の3つの要因があり，自己評価に対する脅威となりやすいのは，心理的に近い者や，自分の重要だと思っている分野で，自分より優れている場合であるという。

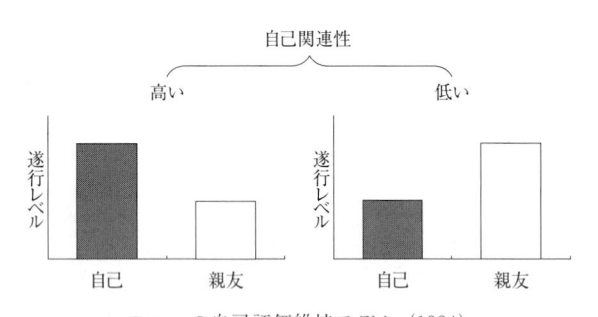

Tesserの自己評価維持モデル（1984）

　また，このモデルによると，自分にとって関連性の低い活動では，心理的に近い者が優れていると，自己評価を高くすることができるということも示されている。
　つまり，「嫉妬」が生まれるのは，身近な相手が自分にとって重要な事柄において，優れている時なのである。それに対し，自分にとって今現在さほど重要でないことなら，友だちの成功を素直に喜び，むしろ誇りにすら思えるのである。

# 第7章
# 思春期から青年期

　人の発達は連続しており，そこに特徴的な時期があることはこれまで述べてきた。前章までいわゆる「子ども時代」を概観してきたが，人の発達は「子ども」が終われば直ちに「大人」に突入するのではない。子どもから大人への移行期間には，思春期・青年期が存在する。
　保育者をめざす読者自身が今，青年期真っただ中にあり，自分を見つめ，試行錯誤をしながら将来の姿を思い描いているのではないだろうか。今の自分とこれまでの章で振り返ってきた過去の自分，そして未来の自分。保育者となるであろう未来の自分とその目の前にいる子どもたち，さらに，その子どもたちの未来を関連づけながらこの時期を考えてほしい。

## 1. 身体と心の変化

### (1) 思春期と青年期

　思春期とは，一般的な定義によると中学生から高校1,2年くらいの時期を指し，青年期とはおおむね18歳以降，大学・短大・専門学校などに在学してから卒業後の24〜25歳頃までをいう。また，思春期を青年前期とし，その後を青年後期としてこれら2つを広く青年期としてとらえる考え方もある。なお，思春期の始まりを第二次性徴の出現およびピアジェによる形式的操作段階に達していることとする研究者も多く，その定義によると現代の思春期・青年期の始まりは女子は11〜12歳頃から，男子はそれより1〜2年遅れの12〜13歳頃からということになるであろう。さらに，思春期の終わりは，急激な身体的成長が頭打ちになる状態の頃までをいう。青年期はこうした身体的発達の他に，精神的な成熟と自立が成し遂げられる。現代では，教育期間の長期化さらに晩婚化なども影響し，青年期は30歳前後まで引き延ばされているとする研究者もいる。

　本章では，思春期を含めた広い意味で青年期をとらえ，概観していくことにする。

### (2) 身体および性的発達

　児童期が終わり思春期に入ると，第二次性徴と呼ばれる身体的な変化，性的な発達が劇的に始まる。この時期は，心理的な発達よりもまず先に身体の変化について考えなければならない時期である。

　身体面の成熟には個人差が大きいものの，小学校高学年頃から中学生くらいにかけて，内分泌系ホルモンの働きにより初潮や精通といった性的な成熟が始まる。また，これに伴い，男子は肩幅が広くなり骨格筋がしっかりしてくる。

■キーワード■　第二次性徴

女子では骨盤が発達し臀部が大きくなり，乳房も膨らんでくるなど，外見的な身体変化も急激に生じてくる。こうした身体の急激な変化に対して，心のバランス調整がうまくいかずに，不安や戸惑い，混乱を示す子どもも少なくない。

次節で述べるように，この時期は仲間関係の重要性が増してくる頃である。同性かつ同年齢の仲間と一目瞭然である外見を比較して，成長・成熟のスピードで思い悩んでしまったりと，心理面に大きな影響を与えることもある。ちなみに，男子の場合，早熟は晩熟と比べて仲間内で人気がある，リーダーシップをとるなど社会的適応に有利に働き自信や肯定的自己概念をもつのに対して，女子の早熟は男子より1〜2年発達が早いうえにさらに早すぎるということにより，内的混乱を示すとか，目立たないように大人しく内向的になってしまうケースもあるといわれる。したがって，女子は晩熟の方が適応的とする場合もあれば，逆にいつまでも子ども扱いされてしまうために，自信や自己肯定感をもてないなどの指摘もある。いずれにしても，思春期・青年期の適応を考える際には，まずこうした身体的・性的な成熟・発達が心の様相に影響してくることを考慮しなければならない。

### (3) 思春期・青年期の心理的特徴

青年期の発達課題は，ハヴィガースト（1972）によると以下の8つになる。
(1) 同年齢の両性の友人と新しくより成熟した関係を確立する。
(2) 男性として，または，女性としてその社会的役割を確立する。
(3) 自己の体を受容し，適正に身体を活用する。
(4) 両親や他の大人から情緒的に自立する。
(5) 結婚と家庭生活への準備を行う。
(6) 収入を得るための職業への準備を行う。
(7) 行動の指針としての価値観と倫理観の体系を確立する。
(8) 社会的に責任のある行動をとれるようになる。

このようなハヴィガーストの発達課題を見ると，青年期とは保護者のもとか

■キーワード■　仲間関係　ハヴィガースト→ *p.194*　発達課題→ *p.195*

ら経済的にも精神的にも自立し、社会的に自己の行動に責任をもてるようになることが重要な課題であるといえるが、この過程で自分をどのようにとらえたらよいのか、あるいは他人に自分をどのように呈示したらよいのかわからなくなってしまい、混乱したり素直に振舞えなくなることも多い。先ほど述べた外面的な身体への意識の高まりともあいまって、「自分」にとらわれる心理状態が現れる。こうした青年期の心理的特徴としては、「ナルシシズム的傾向（自己愛）」「劣等感」「孤独感」を挙げることができる（神田，1998）。

　**ナルシシズム傾向**　　思春期・青年期は自己受容が最も低下する時期である。すなわち、「今の自分のことを受け入れられない、自分のことが大嫌い」といった心情である。ところが、このように自分の内面に自信がもてない時には、自分の外見や言動など外面的部分に関心を集中させ、そのような部分で自分は優れている、よく見せたい、とアピールする傾向がある。

　**劣等感**　　今まで述べたように、青年期は自分の内側外側とさまざまな面に注意や意識が向かうため、他人と違ったところや劣っていると感じる部分があると、いとも簡単に傷つき落ち込みやすい。たとえば、「背が低い」「太っている」「学業成績がよくない」「スポーツができない」「異性の前で話せない」など、劣等感を挙げだしたら枚挙にいとまがないであろう。また、その劣等感をカバーするために、強がったり反社会的なアイデンティティを形成してしまう場合もある。

　**孤独感**　　思春期の場合は、自分が他者からどう見られているかということに意識が行き過ぎ、ちょっとした他人の言動で「自分は無視されている」「だれも理解してくれない」などの感情をもちやすい一方で、青年期は両親からの精神的自立の作業や、さらに「自分とは何者か」と自分について深く考えるため、心の中では孤独を感じるようになる。

　これら3つに共通していることは、青年期の特徴として自己に注意や意識が過剰に行ってしまうことである。自分の一挙手一動が「常に他人から見られている」と感じられるため、素直になれずに行動がぎこちなくなったり、消極的

■キーワード■　ナルシシズム傾向　劣等感　孤独感

で人前に出ることを敬遠したりするのである。さらに，あたかも他人の目を意識していないかのように奇抜な服装をしたり，大人や教師に対して反抗的な言動で強がって見せる場合があるのもこうした心理が影響している。

## （4） アイデンティティ（自我同一性）の確立

アイデンティティとは，ラテン語の identitas を語源とし，「まったく同じ」「その人に相違なく本人である」「そのもの自身」「正体」などの意味をもつことばである。自分とはいったい何者であるのか，自分はどこにどう立ち，これからどういう目標と社会の役割に向かって進もうとしているのか。こういったことについて確かな感覚をもっているのがアイデンティティの確立した状態である。つまり，アイデンティティの概念には，過去から今（現在），そして将来（未来）につながるという連続的な「真の自分」といった個人的な感覚だけでなく，他人から見た自分，社会から期待されている役割も考慮し受け入れるといった社会的側面もある。

青年期に入ると，将来の進路選択とも重なり，否応なしに自分自身を見つめ「本当の自分とは何か」と問いかけながら，答えを見つけようと模索する。既に述べたように，この過程において，壁にぶつかったり自己嫌悪や自己卑下に陥ったりすることもある。しかし，こうした大人になることの難しさそのものが人を大人にしていくのだともいえるであろうし，心の発達にとっては，自分の中のネガティブなものも直視し，最終的にはそれをも統合していくことが必要なのである。

このような「アイデンティティの確立」という一連の心理的作業は，たとえて言うならばジグソーパズルを組み立てていくとこに大変似ている（加藤，1997）。自分が幼いときから大切にしてきた夢や憧れ，身につけてきた能力やスキルなどのピースの周りに，学力，知識，性格，特技，体験，その他の情報が多数のピースとして散りばめられている。それらを慎重に試行錯誤しながら組み合わせていき，本当の自分の姿を描き出していくといったところであろう

■キーワード■　アイデンティティ → p.*189*

表7-1 マーシャの自我同一性地位（無藤, 1979）

| 自我同一性地位 | 危機 | 傾倒 | 概略 |
|---|---|---|---|
| 同一性達成<br>(identity achievement) | 経験した | している | 幼児期からの在り方について確信がなくなりいくつかの可能性について本気で考えた末，自分自身の解決に達して，それに基づいて行動している |
| モラトリアム<br>(moratorium) | その最中 | しようとしている | いくつかの選択肢について迷っているところで，その不確かさを克服しようと一生懸命努力している |
| 早期完了<br>(foreclosure) | 経験していない | している | 自分の目標と親の目標の間に不協和がない。どんな体験も，幼児期以来の信念を補強するだけになっている。硬さ（融通のきかなさ）が特徴的 |
| 同一性拡散<br>(identity diffusion) | 経験していない | していない | 危機前（pre-crisis）：今まで本当に何者かであった経験がないので，何者かである自分を想像することが不可能 |
|  | 経験した | していない | 危機後（post-crisis）：すべてのことが可能だし可能なままにしておかなければならない |

か。しかし，この作業は，数多くの可能性の中から自ら進む道を選択するということであり，裏を返せば残りの多くの可能性を捨てなければならないという非常に辛い作業なのでもある。

　なお，マーシャはこのアイデンティティについて，危機（過去の同一性を否定・再吟味し，その後の意味のある選択肢の探求や自己決定の経験をしたかどうか）と傾倒（自分が関心をもつものに積極的に関与しているかどうか）によって4つに分類し，自我同一性地位（アイデンティティ・ステイタス）の概念を示している（表7-1参照）。

　ところで，一般に大学受験が広き門になってしまった現代では，進学先にこだわりさえしなければ，さほど努力しなくとも大学・短大・専門学校と進路を自由に選択できる。高校生時代から刹那的に「今」を楽しく過ごすことのみに関心がいってしまうと，なかなか自分の内面やアイデンティティといったことに目を向けることができない。取りあえず資格でも取っておこうなど安易な進

路選択をしてしまうと，今度は成人期の手前で自分の限界と向かい合うことを余儀なくされてしまうものである。こうした大学や短大など高等教育機関への進学率の上昇，また一方で卒業後のフリーターやニートの増加ということを併せて考えるならば，現代は大人になるための猶予として与えられた「モラトリアム」が長い時間延長されており，自らの進路やアイデンティティというものに向き合わない，あるいは向き合えない状況が作り出されてしまっている社会といえよう。

アイデンティティを確立するためには，自分について悩み考えると同時に，あるべき自己の姿に向かって行動を起こし，なりたい自分を現実化・具現化していく過程が重要である。つまり，仮に自分のめざす職業に就くということができたとしても，それだけでは不完全であり，職業人として働きながらその仕事に対して充実感ややりがいを感じるという体験を通して，アイデンティティはより強固なものとなるのである。

## 2. 対人関係の変化

### （1） 親からの自立

中学生になると，親や教師に対して，反抗的な態度を取ることが増え，自分らしさにこだわり，自我を強く主張するようになる。この時期の青年は「第二次反抗期」と呼ばれ，彼らが頻繁に口にする「ウザイ」という俗語に象徴されるように，親からの指示や干渉を頑なに拒絶する。自我が芽生え，自己主張が活発になる2～3歳の時期を「第一次反抗期」と呼ぶことはすでに学習したが，乳幼児期と思春期の共通性を指摘する心理学者は多い。

フロイトは思春期を「エディプス期の再現」と表現し，ブロスは第二の分離―個体化過程と定義した。また，ホリングワースは乳児期の「生理的な離乳」に対して，思春期を「心理的な離乳」の時期と考えた。すなわち，児童期を脱

▰キーワード▰　モラトリアム→p.196　第二次反抗期　第二の分離―個体化過程　生理的な離乳　心理的な離乳

しつつある青年が，精神面で親からの独立を果たし，自分の力で生きていくための第一歩を踏み出す時である。それまでは，絶対的であった親の行動や価値観は，しばしば批判の対象となり，親からの承認よりも，同世代の友人からの賛同に重きを置くようになる。心理的離乳は，アイデンティを確立し，人生の主人公として，その後に出合うさまざまな課題に立ち向かっていくためには不可欠であり，オースベルは「脱衛星化の過程」として，親の「衛星」として行動していた子ども時代からの脱却を果たす時期と位置づけている。

　親子間の心理的離乳については次のような段階が考えられるている（落合・佐藤，1996）。第一段階は「親が意のままに子を抱え込む，あるいは切り捨てる関係」，第二段階は「親が子を危険から守る関係」，第三段階は「子が困った時に親が支援する関係」，第四段階は「子が親から信頼・承認される関係」，第五段階は「親が子を頼りにする関係」である。思春期はこの中の第二段階と第三段階にあたり，親は子どもと距離をとりつつ，さまざまな危険から子どもを守らなければならないし，子どもがある程度自分で身を守れるようになったとしても，困ったときには支援をする安全基地としての役割を果たす必要がある。

　子どもは，反抗的な態度をとる一方で，家族に親和的な感情を抱いているという割合も高く（東京都，2006），親へ「依存したい気持ち」と「独立したい気持ち」という相反する感情を同時に経験している。彼らは親に抱え込まれることには抵抗するが，一方的に手を離されることにも不安を感じる。親は，自立をはかり未熟な自我を抱えながらぶつかってくる子どもに対して，児童期とは異なる一定の距離を保ちながら，毅然とした態度で社会的規範を示すとともに，しっかりとした安全基地として子どもの不安や傷つきを受け止めることが求められる。

　ところで近年，思春期の親子関係に変化が生じているという指摘も多い（斉藤，1996）。すなわち，反抗に伴う葛藤を示す親子が減り，いつまでも仲良く行動する親子が増加しているという。2006（平成18）年東京都が公立中学校の生

■キーワード■　脱衛星化の過程

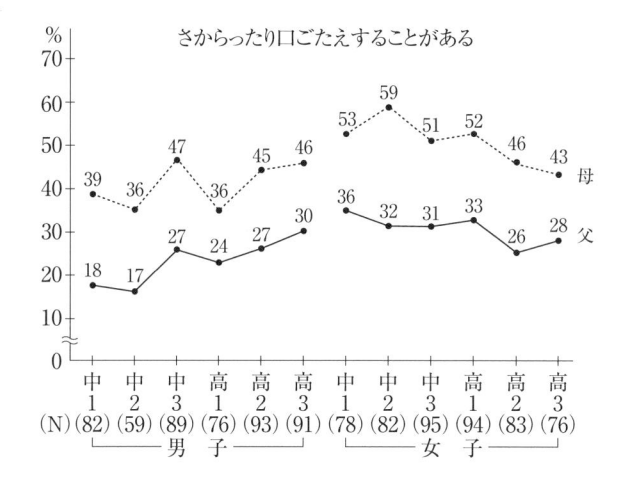

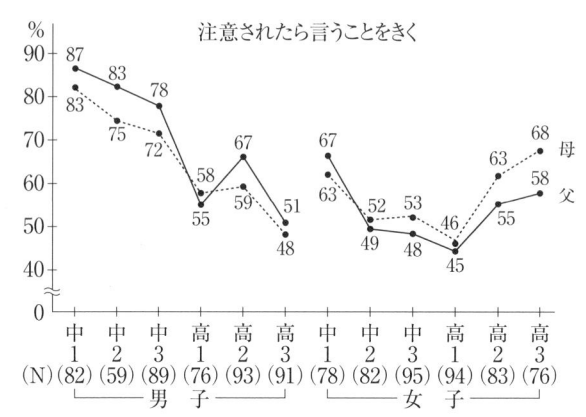

**図7-1** 中学・高校生の父母に対する反抗的態度（東京都生活文化局，1985）
▶東京都に在住する中学・高校生に，父母から「さからったり口ごたえをする」「注意されたら言うことをきく」と回答した者の比率。

徒と都立高校の生徒3,494名を対象に行った意識調査によると，「家族親和感」は「友だち友好感」とともに高い得点を示している。また，図7-1に示されるように「親にさからったり口答えすることがある」という者の割合は最も高い中学2年女子の母に対する値でも59％に留まり，「注意されたら言うこときく」という者の割合は高3男子で48％（母）と51％（父），女子の場合は，高

1で45％（父）と46％（母）という最低値を示した後，高3では58％（父）と68％（母）まで回復する。

このような現象を自立を求めず親に依存し続ける子どもと，子どもを「抱え込み」続ける親の問題としてとらえ，社会問題化している「ニート」「引きこもり」，あるいは「パラサイト・シングル」といった現象に結びつけることは容易であるが，現実はそれほど単純ではない。

大学生を対象とした調査では，両親との良好な関係は，自己肯定や，自我同一性の発達を促進するという研究結果が多く示されている（NHK，1984；金子，1989；宮下・渡辺，1992,）。青年が親との間に良好な関係をもつことは自我の発達を促し，自分らしい生き方を促す助けになるのである。思春期の子どもたちの反抗に対して，権威的に子どもを押さえつけず，自立のための自己主張に一定の理解を示すことで，心理的離乳が比較的穏やかに進行することが可能になった結果，親との情緒的つながりを維持しながら，後述する友人関係や恋愛関係を広げていくことが可能になっている。

一方で，自立を求めず，依存し続ける子どもと，子どもの主張に迎合し「抱え込み」を続ける親の姿や，子どもの自立を待たずに家庭が崩壊し，未だ社会的規範について学習途上の中高生を放任し，責任放棄する親が増加しつつあることも事実で，家族形態の多様化の中で思春期の親子関係もプロトタイプで説明することが難しくなっている。

## （2）　友人とのつながり

小学校高学年から，中学，高校と学年が上がるにつれて，思春期の友人関係は大きく変化する。児童期までの，主として一緒に遊ぶ，何かをするという行動的，表面的な関係から，互いの考えや感情を共有する，支え助け合う，相互に尊敬するといった，共感的，人格的，内面的関係へと変化する。「親友」と呼ばれる非常に親しい特定の友人との継続的関係をつくるのも，この時期である。

------

■キーワード■　引きこもり　パラサイト・シングル

保坂・岡村（1956）は青年期の友人関係の発達段階を①ギャング・グループ，②チャム・グループ，③ピア・グループの3つに分類している。ギャング・グループとは「外面的な同一行動による一体感を特徴とする関係」であり，チャム・グループとは「好きな事柄や趣味についておしゃべりをする」というような「内面的な互いの類似性の確認による一体感を特徴とする関係」である。そして，ピア・グループは「内面的にも外面的にも互いに自立した個人として違いを認めあう共存状態」をさす。小学校高学年ではギャンググループが中心で，中学生以降チャム・グループやピア・グループへと発達的変化が見られるという。

松井（1990）は青年の社会化にとって友人がどのような機能を果たしているかという観点から，友人関係の機能を3つに分類している。第一は「安定化」の機能である。青年が，進路以外の悩みの相談相手として選択するのは友人がトップである。友人に，自分の内面を話すことは，不安を軽減し，悩みを解決するために有効な方法である。相談という形をとらなくても，たわいのないおしゃべりや，一緒に遊ぶことでストレスを発散し，精神的安定を得ることが可能になる。

第二の機能は「社会的スキルの学習」である。友人は身近な存在であるが，家族に対するような甘えや，一方的なわがままはゆるされない。青年は友人とのつき合いをとおして，相手の気持ちへの配慮や，互恵的な人間関係のあり方を学ぶ。

第三の機能は「モデル機能」である。友人は多くの共通点をもつ同世代の身近な存在である一方で，自分には無い長所や経験をもち，自分とは異なる考え方や行動をとる存在である。そういった点は憧れや尊敬につながり，意識的に，あるいは無意識的に友人の行動をモデルとして同じような行動や考え方を取ろうとするようになる。時には，友人が理想像として取り入れられ，取り入れられた理想像が自分を評価する基準となることもある。つまり，尊敬できる友人をもっていることが，自らの肯定的評価を高め自信につながるのである。

■キーワード■　ギャング・グループ　チャム・グループ　ピア・グループ　安定化　社会的スキルの学習　モデル機能

以上見てきたように，友人は思春期の青年にとって非常に重要な存在である。それだけに，友人関係の構築に失敗することは，自らの存在意義を脅かすほどに重大な問題となる。中学生は親しい友人の「チャム・グループ」をつくり行動を共にすることが多いが，この「グループ」は時として非常にエネルギーの消耗を強いる関係である。「いつも一緒にいること」「同じように行動すること」を心がけ「仲間はずれ」を怖れて，常に気遣い合う関係は，少しでも枠をはみ出た行動に対して容赦ない「いじめ」を生み出す。不登校や自殺の引き金が友人関係のつまずきであることも少なくない。

　思春期の友人関係は大きな「成長」ともに「傷つき」をもたらす危険性をはらんでいる。言い換えれば，成長には必ず傷つきの可能性が伴い，傷つきを怖れてとどまることは，自己実現の放棄を意味する。大切なのは，思春期の青年が傷を癒し，つまずきを糧にして新たな人間関係を構築するための時間や居場所をもてることである。

## （3） 異性への関心

　本章の「1. 身体と心の変化」で述べたような，第二次性徴を伴う急激な身体的変化により，児童期までの主として家族や友人を対象とした親和的感情は強く揺り動かされる。異性への関心が性的な欲求と結びつき，この時期のさまざまな動機づけや，精神的な葛藤につながっていく。また，異性の目に映る自分の容姿や態度を非常に気にかけるようになり，周囲の些細なことばに傷ついたり，同性の仲間と比較しては自分の部分的な欠点に深刻に悩んだりする。

　「恋愛」とは，通常，特定の異性に強く関心をもち，魅力を感じる情緒的過程である。魅力には性的欲求を刺激する要素が含まれ，それによって性行動を求める動機が高まるが，これには文化的，社会的価値観が大きく影響する。つまり，人間の恋愛感情は性衝動のみによって喚起されるわけではなく，文化的規準にそって，憧憬を抱くことや，社会的規準にそって尊敬の念を抱くことが恋愛感情につながることもしばしばみられる。女性が，文化的・社会的魅力と

---

■キーワード■　動機づけ　葛藤　恋愛

人間関係の結びつきを通して異性への関心を恋愛感情へと発達させていくことが多いのに対して，男性は，「性的衝動」と「恋愛感情」がうまく統合されず，精神では制御しきれない身体を持てあまし葛藤することが多い。身近な異性への恋愛感情とは別に，女性の身体面への関心が強くなり，さまざまな性的空想の世界をもったり，書籍や映像を通して性行動の代理経験を求めることもしばしば見られる。

　成人後の性行動が，自分と相手との情緒的関係を結ぶものとして感じられているのか否かには重要な意味があり，思春期の恋愛感情は，時間をかけて対人関係の経験を広げることで，徐々に現実的な行動を伴うものとなっていくことが望ましい。その過程はアイデンティティ確立の過程にも重なり，自分自身が何者であるのかという問いへの答えのひとつとして自分の性を肯定的に受け入れ，精神的な敬愛と性衝動のバランスをとることが可能になっていく。したがって，心身共に急速に変化を遂げる思春期において，特定の異性との安定した交際関係を成立させることは難しい。

　現代では，社会の急激な変容の中で，多くの若者が現実の性的行動を経験する時期は以前よりかなり早くなっているのに対し，教育期間の延長などにより親からの自立の時期は遅くなっている。また，葛藤を伴う現実の異性とのかかわりを避けて，空想の世界でのみ性的欲求を満たそうとする若者の存在も注目されており，身体的な早熟傾向と，精神的な晩熟傾向による心身の発達の乖離（かいり）が際立つようになってきている。

## 3．保育者をめざす自分をふりかえる
　　　―自分自身のリストラクション―

### （1）　進路選択と「保育者への思い」

　これまでにみてきたように，思春期から青年期は「自分とは一体何者なの

■キーワード■　性的衝動　恋愛感情

か」「自分はどこから来てどこに向かっているのか」という自己の存在に気づき，思い悩む時代である。精神的にも親から離れ，「どういう人間として生きていこうか」，そのために「将来どんな仕事に就こうか」など，アイデンティティ（自我同一性）について真剣に考えることを意識的・無意識的に迫られる時期でもある。

　読者の多くがめざしているであろう幼稚園教諭や保育士といった職業は，今なお女性にとって人気の高い職業の1つである。これは，自分たちが乳幼児期に幼稚園や保育所での保育を体験している者がほとんどであり，子ども時代に受け持たれた先生のように自分もなりたいといった憧れを抱きやすいことや，中学・高校時代に短い期間ではあるが授業の一貫として職場体験をするなど，具体的な職業として身近でイメージがわきやすいことが影響していると思われる。「子どもが好きだから」ということが，この進路の選択理由に挙げられることも多いが，実は先に述べたアイデンティティという観点からみると，まだ自分が「大人になりきっていない」そのため「子どもとかかわっていたい」という微妙な願望としての心理も含まれていることを見逃してはならないであろう。

　このような職業的自己概念について，スーパー（1953）は職業生活を大きく5つの発達段階に分ける考え方をしている。それらは，成長段階（誕生〜14歳），探索段階（15〜24歳），確立段階（25〜44歳），維持段階（45〜64歳），下降段階（65歳以降）の5段階である。生涯にわたって発達すると考えていることが特徴的であるが，この考え方を参考にして白井（1992）が日本の大学生について調べ，まとめたものが表7-2である。スーパーの考え方では，高校生時代は，自己を発見し将来の職業生活に必要な能力を身につけることが期待されている時期である。しかしながらわが国の場合，職業人としての自分の能力を吟味したりする機会はおろか，将来の具体的な職業について真剣に考えることのない者も少なくない。さらに現在は少子化で「大学全入時代」ということも絡み，職業意識の発達としては未成熟なまま大学・短大などの高等教育機関

■キーワード■　職業的自己概念

表 7-2 わが国の学生にみる職業的発達段階（白井, 1992）

| 段階 | スーパーの定義 | 特徴 |
|---|---|---|
| 成長段階（0～13歳） | | |
| | 自己概念は、学校と家庭における主要人物との同一視を通して発達する。欲求と空想はこの段階の初期において支配的である。興味と能力は社会参加と現実吟味の増大に伴い、この段階でいっそう重要になる | |
| 空想期<br>4～9歳<br>（～小3） | 欲求中心・空想の中での役割遂行が重要な意義をもつ | 1. テレビの主人公（刑事やゴレンジャーなど）、ごっこ遊びの登場人物や身近な人（幼稚園の先生、お母さんなど）、自分の欲しいものやしたいことに関係する仕事（ケーキ屋さん、オモチャ屋さん、パイロット、電車の運転手など）が多く選ばれる<br>2. 男子では、強いもの、かっこいいもの、女子ではかわいいもの、女の子らしいもの（お嫁さん）、実現不可能なもの（男の子、猫など）が選ばれる傾向がある<br>3. 将来なりたいものは数多くあげられ、また容易に変化する |
| 興味・能力期<br>10～13歳<br>（小4～中1） | 好みが志望と活動の主たる決定因子となる。能力にいっそう重点がおかれる。職務条件が考慮される | 1. 自分の周囲にいる人への同一視がある。たとえば、父親を尊敬しているので父親と同じ職業につきたいとか、担任教師がいい先生なので教師になりたいなど。あるいは、親から言われたことを取り入れている<br>2. 自分の趣味や特技（ピアノの先生、画家、プロ野球の選手など）、あこがれ（歌手やスチュワーデスなど）、読んだ本やマンガの主人公（探偵、科学者、医者、弁護士など）にあこがれる<br>3. 同時に複数のものにあこがれる。ただし、1つのものに決めている場合には、のちの職業選択に重要な影響を及ぼす場合が多い<br>4. なろうと思えばそれになれるという万能感がある |
| 探索段階（14～22） | | |
| | 学校、余暇活動、アルバイトにおいて、自己吟味・役割試行・職業上の探求が行われる | |
| 暫定期<br>14～17歳<br>（中2～高2） | 欲求・興味・能力・価値観・雇用機会の全てが考慮される。暫定的な選択がなされ、それが空想や討論・教育課程・仕事などのなかで試みられる | 1. 単なるあこがれではなく、職業を意識するようになる。たとえば、教師という仕事の中味や意義をふまえた上で、自分なりの教師像をえがき、教師を志望する動機について自覚している。メジャーでない裏方の存在にも気がつく。外見上のかっこよさだけでなく、生き方や価値観への共鳴を重視する<br>2. 自分の能力や興味の機会などが考慮されるようになり、将来の職業選択について現実吟味がなされる。とくに高校受験への直面や親との会話はそれを促進する<br>3. 逆に、高校受験あるいはクラブ活動で忙しく、将来の具体的な職業について考えたことのない者もいる |
| 移行期<br>18～22歳頃 | 青年が労働市場または専門的訓練に入り、そこで自己概念を充足しようと試みる過程で、現実への配慮が重視されるようになる | 1. 高校卒業あるいは大学受験を機に、より現実に直面し、自分の立場・価値観・適性・興味・専攻分野・目標達成の可能性などの点から目標が吟味される。自分でないとだめだという職業を求める<br>2. 職業の意義（経済性、社会的地位の付与、社会生活への貢献）が重視される<br>3. 職業につくための具体的で計画的な努力がなされる<br>4. 今まで目標が明確だった者は、それが本当に自分に適しているのかどうか悩むことがある<br>5. 現実への直面の仕方によって挫折感をもつことがある。現実をふまえた上で自分なりの夢を描くことが課題となる<br>6. 実際に就職するまでは、自分が選択した職業の内容について依然として具体性に欠ける |

に入ってしまう青年が多い。

　自分に合った仕事，自分が納得して働ける仕事を探し出すためのヒントは必ず自分が生きてきた「過去の時間の中」にある。子どもの頃自分はどんな職業に憧れ，どういったことに興味・関心をもっていたか，どういうことならばやっていける，続けていける，苦にならないかを，過去を振り返って考えてみる必要があるだろう。そして，その中から見つかったものが，自分の「得意なこと」「個性」「強み」であり，それを活かす「やりたい仕事」や「自分にもできる仕事」をつかまなくてはならないのである。当然，そのためにはいろいろな職業の中身を知るといった作業が必要とはなる。

　一方で，子どもの頃から成長するにつれ，将来なりたい職業や憧れる人物は変化するものである。しかし，そこには必ず何か共通したものがあるようだ。たとえば，ある学生のなりたい職業の変遷は，幼稚園時代は「お花屋さん」，小学校では「保健室の先生」，そして中学校から高校になって職場体験学習を通じて「幼稚園の先生」となったそうである。これらは一見するとバラバラなものであるかもしれないが，「人を助ける職業」「ありがとう」と人に感謝される職業に就きたい，さらに女性であっても「長く続けられる職業」といったキーワードが見え隠れするのである。

　わが国においては急激な社会変化に伴い，家庭の養育機能の低下や，地域社会の崩壊などがクローズアップされ，子育てが難しい時代と言われて久しい。このような時代の多種多様な社会的ニーズに応えるためにも，保育者には高い専門性と人格的な成熟が求められている。こうした時代に，保育者をめざすのはなぜなのか。社会人・職業人としての一歩を踏み出す前に，今一度，アイデンティティを確立するための作業が必要とされるであろう。

　保育者になろうとしている人は，ぜひ自分の過去を振り返り，こうした内的な作業を通して，なぜ自分は保育者になりたいのか，その理由を明確にしておきたいものである。つまり，これは過去から現在の「自分づくり」をすることであるのと同時に，そこから導き出される将来の「自分づくり」をすることに

## （2） 保育者養成校で学ぶ理由

　田中（2002）は，桜井（1991）が教育学部生を対象にして行った「大学で学ぶ理由（学習理由）尺度」を参考にして，保育者養成校に在籍する学生がどういった動機・理由・目的で学んでいるかについて，質問紙による調査を試みた。その結果は，表7-3であり，以下のようにまとめられる。

　保育者養成校は，保育・幼児教育といった目的のはっきりした学習内容の高等教育機関である。しかし，入学にあたっての理由は，保育者になりたい，希望する職業に就きたいからといった「職業（保育者）志向」はもちろんのこと，自分を向上させたいという「向上志向」であったり，逆にまだ社会に出たくないから学生期間を延長したいという「モラトリアム志向」，学生時代を楽

表7-3　保育者養成校で学ぶ理由（田中, 2002より作成）

| | |
|---|---|
| **職業（保育者）志向** | **エンジョイ志向** |
| 希望する職業につきたいから | 一般にいう「楽しい学生生活」を経験し |
| 教師（保育者）になりたいから | たいから |
| 夢を実現したいから | 十分遊びたいから |
| 自分の好きな勉強をしたいから | 一生つきあえる友達を作りたいから |
| 自分のやりたいことができるから | 自由な時間を持ちたいから |
| 専門的なことを学びたいから | 異性の友達とつきあえるから |
| **向上志向** | 自由に勉強できるから |
| 新しいことを知りたいから | 4年制大学や短期大学に落ちたから |
| 視野を広げたいから | **学歴（資格）志向** |
| いろいろなことが知りたいから | 将来役にたつから |
| いろいろな人と知り合いになりたいから | よい職業につきたいから |
| 自分を高めたいため | 資格（教員免許など）が取りたいから |
| 本当の自分を見きわめたいから | 立派な人間になりたいから |
| 教養を身につけたいから | 学歴がほしいから |
| **モラトリアム志向** | **アイデンティティ志向** |
| まだ社会にでる自信がないから | 自分が本当にしたいことを探したいから |
| まだ社会に出て働きたくないから | 自分の可能性を試してみたいから |
| 高卒で社会へでるのは怖かったから | 自分の将来を考えたいため |
| 学生生活を延ばしたいから | 好奇心から |

しみたいという「エンジョイ志向」であったり，さらには本当の自分を見つけたいという「アイデンティティ志向」であったりと，多岐にわたっていた。

田中 (2002) によれば，こうした動機・理由の違いは，当然，保育者になりたいという気持ちやその保育者養成校への適応感，保育職に対する自己効力感にも違いがみられた。つまり，既述した職業（保育者）志向や自己を向上させたいという向上志向は，これらといずれもプラス方向の関係性を示していたが，モラトリアム，エンジョイ，アイデンティティ志向は，マイナスの関係を示していたのである。

以上のような結果からも，自己のアイデンティティを踏まえた職業選択や進路選択が大切であり，そのための作業は青年期に必ず行わなければならないことが理解できるであろう。

## (3) 職業人としての保育者

養成校を卒業し，保育者としての免許・資格を取得して無事に保育職に就いたとしても，悩みはつきないものである。多くの人は保育者・社会人として適応していくが，就職しても1，2年間で保育者を辞めてしまったり，中には研修期間中に辞めてしまうという人もいる。こうした人たちとじっくり話をしてみると，不適応の要因は社会に出る心構えが十分にできていないまま「何となく保育者になった」とか，思い描いていた保育者の生活とは異なっていたということが多い。すなわち，学校を卒業し社会に出るということで，青年期の発達課題をクリアしたかのように見えても，今度は一応確立した自己のアイデンティティが現実的に試され，「保育者というこの職業選択は正しかったのか」という自らへの問いかけに再び悩む時期が待っているということになる。

秋田 (2000) によると，保育者としての発達段階は次のような5段階になる。

 段階1：実習生・新任の段階
 段階2：初任の段階
 段階3：洗練された段階

段階4：複雑な経験に対処できる段階
段階5：影響力のある段階

　すなわち，保育者になってからも，保育者としての育ちや発達があるということである。こう考えてみると，保育者という職業は，子どもの発達を見守る仕事であるという一方で子どもと共に自分自身も人間的成長が図られる仕事である，ということが改めて理解できるであろう。

　各種の教育・保育実習を体験すれば理解できるように，保育者という仕事は子どもを保育する以外の仕事も多く，勤務時間も不規則になりがちである。教材づくりや園便りづくりなど，家に持ち帰っての仕事もある。日常の保育においては統合保育の実施や気になる子への対応，保護者や先輩保育者とのかかわりなどにも気を遣う。欲求不満や葛藤，ストレスが鬱積することもあるだろう。このような「新任保育者の悩み一覧」を次頁の表7-4に示した。保育者に求められる資質や能力も，経験年数によって異なってくるが，経験を積んでも保育者としての悩みはつきない。しかし，それでもなお，子どもの成長にかかわり，自らの成長を実感できる仕事は魅力的である。ぜひ，子どもが発達する姿に寄り添い，子どもが今楽しんでいることを共に楽しみ，子どもたちに生きる喜びを伝えることのできる保育者として成長していってほしい。

表7-4 「新任保育者の悩み」一覧 (阿部,1996より藤野,1998が作成)

| 先輩保母との関係 | 保育に関する悩み |
|---|---|
| 先輩と話が合わない | 1歳児保育 |
| 先輩が口うるさい | 2歳児保育 |
| 先輩が冷たい | トイレット・トレーニング |
| 先輩の要求水準が高い | 午睡 |
| 二人担任の悩み | 食事 |
| **園長先生との関係** | 言うことをきいてくれない |
| 園長先生にプライベートなことまで注意される | 叱り方 |
| 園長先生に子どもの前で叱られる | 話が子どもに伝わらない |
| 園長先生が口うるさい | 集会でのあいさつ |
| 園長先生に何でも報告しなければならない | 声が子どもに届かない |
| 園長先生に保育の様子をチェックされる | ピアノ |
| 園長先生に同期の同僚と比較される | 保育のレパートリーが少ない |
| 園長先生が現場の情況を無視する | 遊びの導入や展開 |
| 園長先生の要求がきつい | ひいきする気持ち |
| 教材を自由に使えない | 持ち上がりの中の新入園児 |
| 園長先生の人柄を好きになれない | 園のカリキュラムが決まっていて自分の望む保育ができない |
| 園長先生の考えている保育がよくわからない | 縦割り保育の悩み |
| 卒園先に就職したことの悩み | 障害児保育の悩み |
| 園長先生と主任の意見にくいちがいがある | 自分の適性に関する悩み |
| 同族経営 | **親との関係** |
| **子どもに関する悩み** | 過保護な親 |
| 意欲のない子 | しつけを園に押しつける親 |
| 園で話さない子 | 非協力的な親 |
| 言葉の遅れた子 | 忘れっぽい親 |
| どもる子 | 朝起きられない親 |
| 集団にとけこめない子 | 体調の悪い子どもを無理にあずけていく親 |
| 登園しない子・嫌がる子 | 心配性の親 |
| 叱られるとふてくされる子 | 他の園と比較する親 |
| 自己主張の強い子 | 保母に園長の批判をする親 |
| 注意引き行動のある子ども | 親との会話 |
| | 親との連絡 |
| | 親の質問に答えられない |
| | 親から信頼されていない |
| | 地元の園に勤めることの悩み |

## コラム7：思春期・青年期の「心の問題」と支援

　思春期には，第二次性徴にみられる身体の急激な変化に呼応して，心の面でのバランス調整がうまくいかなくなることがある。さらにこの時期は，私的自己意識（自分の内面に注意を向ける傾向）というものが発達し，自分のネガティブな感情の揺れや起伏を意識するものの，それらの状態を明確にとらえ言語化して他者に伝えることが難しい。そのため，「ウザイ」「かったるい」「イラつく」などのきわめて短く単純なことばでしか自分の心を表現できないことが多い。うまくことばで表すことができないので，行動化（ストレスや心の問題を攻撃性という形で人や物，時には自分自身に対して表現する）や身体化（心や体の病気などを通して表現する）といった問題行動の形が取られてしまうのである。こうした心の問題もいわゆる発達加速現象により，どんどん前傾化しているといっても過言ではない。

　さて，この時期の特に女性に見られる問題として，ここでは自己に向かう行動化である「リストカット（手首自傷症候群）」について考えてみたい。リストカットは，近年になって思春期を中心とした幅広い年齢層の女性に多くみられ，カッターなどを用いて利き腕と反対の手首をためらい傷のように浅く傷つけるのが典型的なものである。最近では衣服に隠れるように，肩口や内腿を傷つけるケースや，あえて人目にわかるように手の外側を傷つけるケースも増えてきた。これらは，失恋や友だちに裏切られた，対人関係で失敗したという心の傷つき体験を，身体への痛みに転換することによって解消しようとしたり，「死にたい」「消えたい」というきわめて強いマイナス感情からのもの，「私の辛さをわかって欲しい」「周囲の人を困らせ怒らせ，私に注目させたい」といった自己顕示によるもの，「血を見ることで生きていることを確認する」「傷の痛みによって現実に戻る」など自分自身の確認のために行うケースなど，その動機は複雑である。

　これらを含めた思春期・青年期の「心の問題」についての対応は，とにかく身体化・行動化せざるを得ない本人の辛い「ことばにならないことば」に耳を傾け（傾聴），これらの背後に隠されているものは何か，それらを意味するものは何なのかを理解することにつきるであろう。うまく言語化できないのがこの時期の特徴なのである。「何でこんなことをするの？」と言語化を求めたり，「こんなことをしたら後悔するよ」と知性に訴えかけたり，問題行動の表面的な部分のみをなくそうとした対応では，かえって逆効果となりかねない。

　じっくりと根気強く，本人の「心のことば」が結晶化していく作業につきあうことがいちばんの解決策ではないかと思われる。

# 第 8 章
# 生涯発達とライフサイクル

「大人になる」ということはどういうことだろうか？
　これまでの生活を振り返って，「もう子どもではない」と思った瞬間はどのようなときだっただろうか。
　社会的に「大人」と認められることとして，「就職」「結婚」が挙げられる。どちらも，誰かに勝手に決められるものではなく，自分自身で選択するものである。選択するにあたっては，これまで過ごしてきた「自分」とこれからの「自分」をどうとらえているかが大きくかかわってくるし，どのように選択したかによってその後の人生も変わってくる。

## 1. ライフサイクルと大人になること

### (1) ライフサイクルと自立

　エリクソンは人間の一生をライフサイクルとしてとらえ，生まれてから死ぬまでの生涯を8つの発達段階として示した (p.13参照)。この中で，前成人期の心理社会的危機を「親密性　対　孤立」と表現している。すなわち，職業を選択し，人生のパートナーを得て安定した生活基盤と人間関係を築くことが必要とされるわけだが，前章までに見てきたように，高学歴化や，精神的自立の遅れに伴って青年期が引き延ばされ，親から自立できない若者の増加が社会問題となっている。

　自立＝大人というイメージがある。発達心理学の授業の中で，学生に「自分が〈大人〉だと思ったのはいつか？」ということについて記述を求めたところ，多くが，「アルバイトなど経済的な自立」を挙げた。「身体の変化や発達で大人になる準備ができたと思った」「親などから頼られるようになった時」と回答した人もいた。しかし，三分の一ぐらいが，「まだ自分を大人だと思っていない」「まだ本当の大人ではない」とも答えていた。

　自立というと，誰も頼らず，何もかも自分でやること，とか，自分一人で自由に生きていくことだと考える人があるが，それは誤解である。真の自立とは，自分の生活を他人や社会の中で考えることができることである。

### (2) 自己実現するとは

　マズローは，人間の欲求は5つの階層で構成されていると考え，欲求階層理論を提唱した (図8-1)。

　本能的で基本的な欲求が最下層に位置し，階層が上がるほど高次なものになる。下から順にあげると，①生理的欲求 (生命の維持や生存に必要な欲求：飢

---

■キーワード■　ライフサイクル→p.197　発達段階→p.195　マズロー
欲求階層理論→p.197

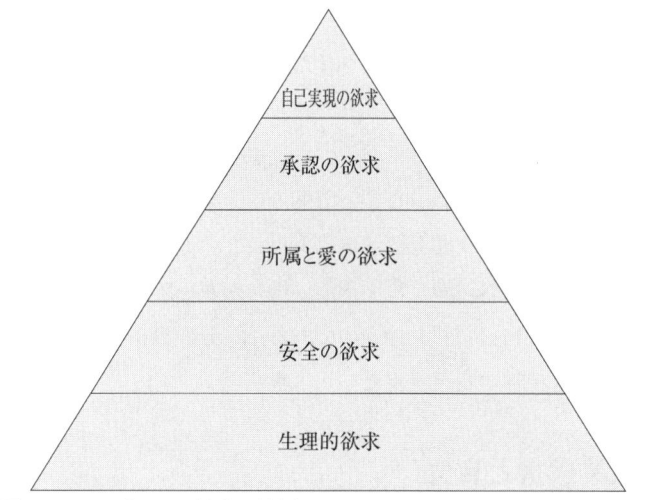

図8-1 マズローの欲求の階層 (Maslow, 1954；小口, 1991をもとに作成)

えや渇き，排泄，睡眠など），②安全の欲求（危険や災難から逃れた安全で安定した場所や状況を求める欲求），③所属と愛情の欲求（集団に所属して一員として認められる欲求と他者から愛情を求める欲求），④承認の欲求（他者から認められ，評価され，尊厳を求められる欲求），⑤自己実現の欲求（自分が潜在的に持っている可能性を最大限に発揮する欲求）である。人間の基礎になる欲求が満たされると，所属と愛情の欲求が，それが満たされると他者承認の欲求が，というように次の階層の欲求が生じてくると考えられている。最上層の自己実現の欲求はすべてが満たされたあと出現すると考えられたのである。マズローは，自己実現を「その人のもっている潜在的な可能性を発揮し，機能を十分に発揮している姿」としている。

　生きる実感や充実感は生きがいとも呼ばれるが，自己実現は，自己満足や自分のためといった狭いものではなく，自己の能力を他人のためにも発揮させて，その事で自分自身が成長することで生きる喜びを味わう深いものだと思われる。

■キーワード■　自己実現

「人生はパラドックスに満ちているが,われわれが,『自己』とか『私』とか言うとき,それは思いのほかに他人を含んでいるのである。近頃はやりの『自己実現』という言葉も,自己というもののもつ,前述のパラドックスに気づかないと,まったく馬鹿げたことになる。自己を生かそうとするものは,自己犠牲を強いられる。これは不思議なことであるが,事実なので仕方がない。」(河合,1970)とあるように,昨今は「自己実現」ということばだけが独り歩きをしていて,実は単なる自己満足にすぎない場合が多いのではないだろうか。真の自己実現は責任も自己犠牲も伴うのである。自分の自由の一部を他の人のために用いることこそ真の自己実現といえよう。

## 2. 職業選択と自立

### (1) 働くことの意味

職業選択というと,どんな職業を選び,就職できるかどうかにのみ関心がもたれがちであるが,まず「自分は何のために働くのか」「働くということはどういうことなのか」をしっかり考えることが大切である。「働くこと」を考える前提として,職業に対する知識や関心をもっていること,自分の能力や人格特徴,あるいは自分の価値観などをよく理解したり整理したりしておく必要がある。

現代は,いったん就職したら,定年まで同じ会社で勤め上げるという,終身雇用制は急速に崩壊しつつあり,若い労働者の離職率が高い傾向が見られる。

初めての会社を離職した理由として「仕事が自分に合わない」「健康上の理由」「家庭の事情」「人間関係がよくない」「労働時間・休日・休暇の条件がよくなかった」などが挙げられることが多い。

単に,お金を稼ぐだけなら,フリーターでもいいではないかという人があるかもしれない。フリーターとは,一律の定義はないが,政府の「国民生活白

■キーワード■　フリーター→ p.195

書」では,「15～34歳の若年（ただし,学生と主婦を除く）のうち,パート・アルバイト（派遣などを含む）及び働く意志のある無職の人」としている。フリーターでも正社員並みに働く人もいるが,多くは,就労日数も就労時間も不安定で,賃金も正規雇用に比べ低くおさえられている。

　成人としての自立は,フリーターでは果たしにくい。なぜなら,フリーターでは,成人期の課題である,社会的責務を負う,職場の人たちと深くかかわり続けるということが難しいからである。

### （2） 職業への適応

　青年期の若者は,アルバイトやサークル活動などを通して,さまざまな社会的・職業的役割を,いわば実験的な試みとして行いながら,自己のもつ能力や職業的適性を吟味する試みを日常的に行っている。その後青年は,自己にとって適切な仕事を選択し,その職場の人間関係の中で,職業人としての同一化を深めていく。やがて,長期間にわたる仕事上のかかわりが,自分の行き方や人生そのもののあり方にまで強い影響を与えることになる。

　しかし現代は,定職につかず（つけず）,上記のようなライフコースを歩まない（めない）若者が増えている。進学も就職もしない若者はニートと呼ばれている。

　職業につく若者が親の家計に依存して学校に通う状況から,自立するプロセスを学校から職業生活への移行としてとらえ,ニートを職業への移行が困難な若者とした研究がある（小杉,2005）。スムーズな移行の阻害要因として,以下の8点がある。

(1) 労働需要の質が変化し,高校への求人が大幅に減っている。
(2) 特に地方で著しく,成績も出席状況も良好な高校生が就職できないでいる。
(3) 新規学卒採用が基本であるという労働市場の基本は変わらず,新規学卒以外をはずした無技能の若者の正社員就職は難しい。

■キーワード■　ニート→ p.194

(4) 非典型雇用での受容が拡大して正社員の口はなくともアルバイトの口はある。
(5) 非典型雇用からの正社員登用は，限定的である。
(6) 過年度卒業や留年等での年令オーバーは新卒採用でハンディになる。
(7) いったん就職したものでは，少ない新人社員に過重の負荷がかかっている。
(8) 職場に仲間集団が形成されない。

高卒者は，もともと求人が少ない上に，非典型型雇用（時期のずれ，年齢オーバー，無技能）になると，アルバイトはあっても正社員にはなかなか登用されない。職場に仲間集団が形成されないというのも特徴である。

また，これを，家族という次元でとらえなおすと，以下のように示すことができる。

(1) 都市部の家計状態が厳しい家庭での子どもへの関心・期待水準の低さ。
(2) 教育に関心のある高学歴家庭では「やりたいこと」をさせてやりたいという親の想いやパラサイトを許す家計状況。
(3) 地方の高卒者の限定された就業機会。

ニートの問題は単に「働きたくない」とか「仕事がない」といった，特定の個人の問題ではなく，都市部と地方の格差などを踏まえた社会全体の問題と考えるべきものであること，家族とのかかわりは，乳幼児期からの積み重ねも予測される。

どのような仕事を選び，どのような職業に適応していくにしろ，それがたとえ，子どもの時からなりたい職業で，準備をしていたにしても，職業的アイデンティティはすぐにつくられるものではなく，時間をかけてつくり出されていくものであろう。程度の差や，時間の長短には個人差があるものの，自分が学生時代につくり上げてきたアイデンティティは，多くの場合，就職した段階でいったん破壊され，混乱や模索の時期を通りすぎて，アイデンティティの再構築を求められる。この時期になって，やっと自分が一回り大きくなったような

■キーワード■　パラサイト→p.195

気がして，少しずつ自信がもてるようになってくるのではないだろうか。

やりたいことばかりに目を奪われて仕事のえり好みをしていることは，本人としては自分に合った仕事や自分のやりたい仕事を探して自己実現に近づいているつもりかもしれない。しかし，前述したように，真の自己実現とは責任や自己犠牲も伴うものである。アイデンティティを再構築する強さと根気が求められるであろう。

## （3） ストレスへの対応

職業生活を送る途中には，さまざまな困難や試練が待ち受けている。その程度や頻度は個人差があると思うが，一度や二度は失意のどん底を味わったり，もう二度と立ち直れないと思ったりすることがあるのではないかと思う。そこまではいかなくても，気が滅入ったりやる気を失くしたりということは日常茶飯事ではないだろうか。

職場のストレス源としては，職場内要因（物理的環境，過剰労働，時間的切迫），組織内の役割（役割の曖昧さ，役割葛藤，対人的責任），キャリア発達（将来展望の不明確さ，昇進の遅れ，過剰昇進），職場の人間関係（上司・部下・同僚との軋轢）などがある。個人の要因としてはその人の不安水準，曖昧さへの耐性が，職場外の要因としては家庭の問題，経済的困難などが挙げられる（渡辺，2007）。

一般的に，ストレス対策には2つの方法がある。1つは，人間の健康や安寧に害悪をもたらす外的刺激であるストレッサーの質と量をコントロールする，すなわち，ストレスの原因となる環境を整えて，個人のストレス反応を生起させない方法である。2つめは，ストレッサーがあっても，それを内的な反応としてのストレスに結びつけないだけのストレス耐性，対処方法，社会的支援のネットワークなどを個人の側に構築すること，つまり，ストレッサーに打たれ強い性質や社会的関係性を個人が身につける方法である（2007，渡辺）。

特に，対人専門職の場合は，上手にバランスが取れないと「燃えつき症候群

■キーワード■　ストレッサー　ストレス耐性→p.193　燃えつき症候群

（バーンアウト）」になることが知られている。次に，対人専門職は，職業上，対象との間に人格的，情緒的，倫理的，持続的な人間関係を要求されており，しかも，都市化，国際化の影響で，多種多様な人々と接することが多く，ストレスを感じる機会が多い。

　筆者は，新卒後一年目の幼稚園教諭の研修会にスーパーヴァイザーとして参加した折に，参加者から，「子どもは可愛いし，毎日いろいろな発見があってとても楽しい」という意見と，「保護者とのかかわり方が難しい」「同僚や先輩との接し方がわからない」との意見を聞くことが多かった。確かに，子どもとの接し方については，実習を通して学生時代に学ぶ機会があるが，保護者や同僚または先輩との接し方については学ぶ機会が少ない。その時に，自分に子育て経験がないことが，対母親で接する時には気後れしてしまう原因のひとつになるようである。子どもとかかわる実習経験だけでなく，保護者や同僚・先輩との円滑な対人関係の訓練も必要だと痛感した。

　もちろん，卒業後の現場での実践活動へのどんな準備をしたとしても，実際に職場で仕事を始めるようになって，予期せぬ苦痛や不快さを伴う現実に出くわして，身体的，心理的，社会的にさまざまなショック症状を出すことがあるだろう（リアリティショック）。

　専門的に，研修を受けることは有効で，研修内容や研修の体制の整備が重要であるといわれている。そのうえ，助け合う，支え合う人間関係も必要であろう。保育士も，お互いの保育活動を支持し，協力し合える環境をつくる必要がある。その他に，日頃から自己理解に勤め，気持ちが通じ，自分を認めてくれ，支持してくれる情緒的支援ネットワークを自分でも職場や家庭，それ以外にも確保する必要がある。

　ここでも，いろいろなことを我慢しすぎて，結局ストレスをためすぎて，周囲に迷惑をかけるようになるより，少し行き詰った所で，周囲にSOSを出した方が，結局は迷惑をかけないで済むことがある。

　自立を意識しすぎて，何でも自分一人で抱え込もうとしないで，自分の限界

■キーワード■　バーンアウト→p.194　リアリティショック→p.197

や自分の思考パターン，自分の得意不得意など自己理解を深め，困っている時には，率直に援助を求められるのも大切な能力といえよう。

## 3. 家庭をつくる

### （1） 結婚の意義

1975年以前は，多くの人が迷うことなく結婚し，しかも一定年齢までに結婚するべきと考えられていた。

最近は晩婚化・非婚化の傾向がある。晩婚化・非婚化現象の理由は，女性の労働力率が高まり，経済的自立が可能であることから，結婚のもたらしていた経済的メリットを相対的に低下させたと考えられている（藤井，2002）。

出産も選択しない女性が増えているが，女性の方が，家事・育児・介護などを担うことを期待され，結婚や出産によって生活スタイルが変化する割合が大きいと考えられている。育児などのケアを外部化して女性の労働効率を上げ，労働時間の長期化という方向だけでは解決しない（高石，2007）。

このように，女性の社会進出や結婚に対する圧力が少なくなった結果，結婚以外の生き方も選択されるようになった。結婚・出産を選択しない女性が増えたことで，改めて，結婚という枠組みにおいて生じる女性にかかる負担の大きさ，育児の物理的負担などが女性の自己実現と共に考え直されている時代だと考えてよいであろう。

### （2） 家庭生活を支え合う

新婚期は，夫と妻の双方が，生まれ育った家族から，物理的にも心理的にも離れて二人の世界をつくりはじめる。

この時期は，基本的なルールと生活のパターンを築き上げることが必要になる。意見や考え方が違う場合はどのように調整するか，家事などの分担をどう

するか，収入や支出など日常生活に必要な活動面で協力することが必要であろう。

　これまで別々の家庭で暮してきた男女が，共同生活を始めるのであるから，いろいろな点で生活習慣の違いが出てくるのは当然であろう。本来，新婚夫婦は，考えや習慣が違っていても当たり前なのに，夫婦は同じでなければならないとか，みな同じはずであるという思い込みをもち，どちらかが譲ってばかりいると不満が残ることがある。「違い」をみつけた時に，夫婦で自分たちにふさわしいやり方を見出していくことで二人の関係を発展させることができる。

　共同生活の中では，相手が自分に何を期待しているか考え，それに応じるか否かを考えながら自分の行動を選択していく。相手も，行動を通して，期待を理解し，どう対処するか選択してゆく。このやりとりこそが，二人の関係を円滑に展開していく基盤になるのである。

　夫婦は男性と女性ということだけでも，お互いが相補うように働き，別の面をもっていることで，一面的になるのを防ぐ効力があると考えられている。「夫婦は川の中の二本の杭のようなもので，夫婦の関係はその間に網を張るようなものである。近くの杭を選んだ人は網を張りやすいが魚の収穫は少ない。遠くの杭を選んだ人は，網を張るのに苦労するが，張ってしまうと魚の収穫は多い。」(河合，1980) というたとえは夫婦関係をわかりやすくするのではないか。

### （3）　変化する人間関係

　戦後，核家族が増加したが，家族は小規模になっても子どもは成人して自分の家族を形成し，集団としてのまとまりをもつことが前提とされてきた。しかし，1970年代後半以降，家族は大きな変容を遂げた。すなわち，家族的生活を営むか否か，人生のどの時期に家族を形成するかについては，個人が自由に選択できるものになっている。家族の個人化が進行し，家族形成が生き方のひとつの選択肢にすぎなくなったことは，特に女性の生き方の大きな変化につな

---

■キーワード■　核家族　家族の個人化

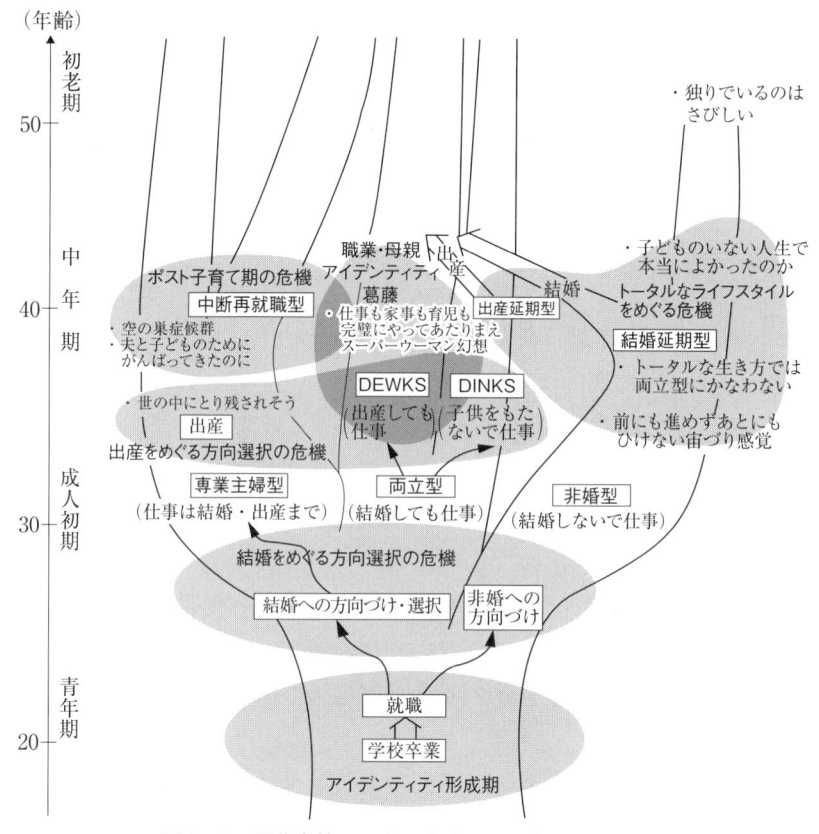

図8-2 現代女性のライフサイクルの木（岡村, 1999）

がった（土肥, 1999）。

　図8-2は，現代女性のライフコースを一本の木に見立てたものである。青年期・成人前期に，就職・結婚・出産の時期を迎えると，多くの枝に分かれていく。どのライフコースを選択するにせよ，それぞれの道に，それぞれの危機があり，自らの判断と努力でそれを乗り越えることが求められる。仕事を「続けている」「やめた」，結婚を「した」，「仕事をしながら子育てをした」などさまざまな生き方を振り返った手記なども出ている。いろいろ目を通して，自分

の生き方を考えるヒントにしてもらいたい（トライワークス，2000；楠木，2001；井上，2004；円，2005）。

## 4．親としての発達

### （1）親になるとは

親になることは，夫婦によるもっとも重大な決定の一つと思われる。

親としての発達のプロセスには，子どもが一人の大人に発達していくのと同様に，さまざまな危機的状況もあると思われる。このプロセスで，親は，これまでの自分の行き方を問われるような問題に数多くぶつかることになる。結果的に，女性も男性も親になったことで，自分が成長したと感じていることが多い。

氏家（1999）によると，女性は母親になって，「自己中心的でなくなった」「性格が変わった（おおらかになった，がまん強くなった）」「自分でも知らなかった面に気づかされたり自分を見直す必要に迫られたり，自立的になった」「人に支えられていることを感じ，他の人に優しくなった」「自信や自分自身の存在の重みを感じるようになった」などの変化を自覚するようになるという。

一方，男性に関しては，「父親になって育児に深く関与すればするほど，親としての自覚を高め，人間としての成熟を促す効果をもつ」（氏家，1996）といわれている。

親になることに対する自覚の点で男女の性差はないと思うが，親になる過程の妊娠・出産を考えると，男女の差は大きい。「女性が妊娠の事実を知る頃から，次第に胎児の存在を自分の身体の一部として感じ始め，その後の変化や成長を直接体感を通して知っている」（瓜生，2004）とあるように，出産後初めて顔を合わせ自分の子どもだと実感する男性とは，時差も温度差もあるだろう。

筆者は，女性保育士にとって自らの妊娠・出産・育児経験が，その後の保育活動に影響を与えているかどうかについて質問紙調査を行ったことがある。

「子育てしながらの保育活動は，お子さんがいないときに比べてあなた自身に変化はありますか？」という設問に対して，91.8%の保育士が「変化あり」と答え，変化の内容としては「保護者の気持ちがわかるようになった」「子どもにやさしくなった」と積極的にとらえていたが，なかには，仕事と家事・育児の両立の大変さも述べられていた。

「保育活動を行うにあたって，あなたに子どもがいることがよかった・よくなかった・と思われることはありますか」という設問に対しては，「よくなかった」と回答した人はゼロで，77.6%の人が「よかった」と答えていた。

「よい」理由としては，親への理解が深まった，視野が広まった，園児がいとおしいことを挙げる人が多く，子どもの成長・親の気持ちがわかるようになり，保育士として充実して仕事ができるという回答だった。

「どちらもある」理由としては，時間の制約があり残業できない，急に仕事を休むことがある，自分の子どもを十分に見られない，経験による思い込みがあるなどが挙げられた。

### （2） 子育てする環境

現代は少子化が大きな問題になっているが，少ない子どもを大切に育てる親たちは，よい子に育てなければならない，よい母親にならなければならない，育児に失敗が許されないと，大きなプレッシャーを感じている。そもそも，子育てには成功も失敗もないはずである。目の前の子どもを，慈しみ育てていくのが子育てであり，学業や仕事のように結果が問われる性質のものではない。しかし，『失敗しない子育て』などといった育児本が書店には並び，自信のない親たちの不安をあおっている。もし，子どもに何かの問題があれば，子育てをしている親を見つめる世間の目は厳しい。

自分の時間がまったくもてない，相談相手がいない，自分の思い通りになっ

■キーワード■　少子化

てくれない子どもと密室で24時間一緒，子どもから解放されない生活で閉塞感と心理的肉体的ストレスがたまる……，これらが乳幼児を育てている母親が置かれている状況である。

　少子化対策や子育て支援の活動が全国的になされている，便利な育児グッズが豊富で恵まれている，今は昔の育児より守られている……，などという誤解もあるようである。筆者も，公民館での子育て支援講座の講師を依頼された際に，管理職に当たる男性職員が，「子育て支援をしすぎるから，今の親たちは子育てができなくなっているんだ」と発言するのを聞いて愕然としたことがある。母親たちが感じている強いプレッシャーを全く理解していないのである。豊かな時代だからこそ情報過多の中での子育てはストレスが高い。

　こうした誤解の根底には，子どもが3歳になるまでは，家庭で母親が育てなければ，その後の成長に悪い影響があるという，いわゆる3歳児神話や，母親は髪を振り乱して孤軍奮闘して子どもを育てるものだという〈母性〉への思い込みに縛られている面もあろう。確かに，これまでいわれてきたとおり，乳幼児期は，十分に愛情を注がれ，愛されていると感じることが大切であり，それが他人を信頼する心を育てていく。しかし，母親のみの愛情が必要なわけでもなく，母親が仕事をしていると愛情が全くかけられないわけでもない。母子が密室内にいて，母親も閉塞感を味わいつつ子育てをする弊害の方が子どもへ与える影響は大きいであろう。

　また，親の心理的な要因（精神的未熟・低い自己評価・親自身の育てられ方など）と，親子の置かれている環境（夫婦関係の悪さ・社会的に孤立・経済状況の悪化など）が複雑に絡まり，児童虐待に発展してしまうことがある。

　母親は，24時間，トイレに入るのにも風呂に入るのにものんびりした時間を過ごせないでいる。病院に行く場合には子どもを預けられても，美容院に行くのは気が引けると考える。預かり保育の広がりは，こうした母親の願いが届いたものと思われる。一時的に子どもを預けられるサービスや赤ちゃん連れで行ける遊び場などの利用は，密室育児のつらさを解消するのに役立っている。

■キーワード■　　虐待→p.190　　預かり保育

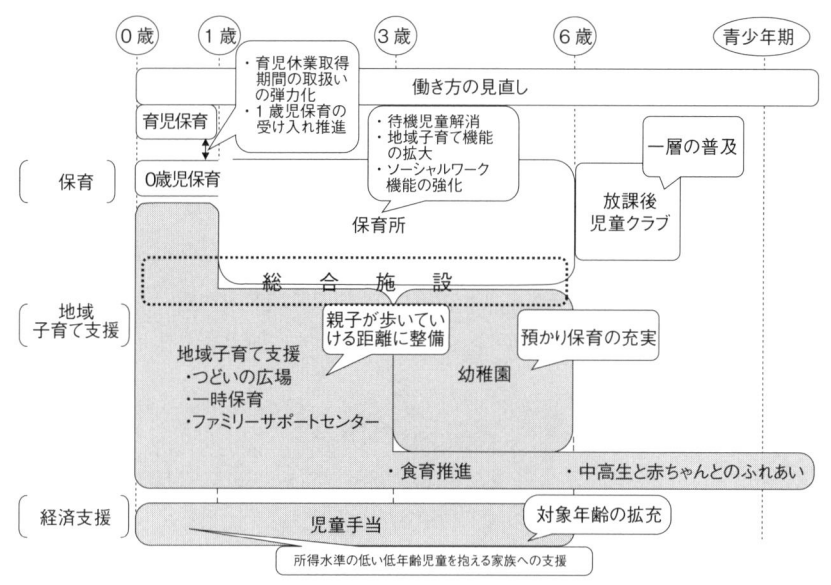

第8章　生涯発達とライフサイクル　165

図8-3　子育て支援施策の今後の方向（厚生労働省，2003）

　子育て講座に参加した母親から，「講座の内容が何であれ，託児があるという講座には何でも申し込みました」という話を聞いたことがある。一時でも子どもを預かってもらえるなら興味のあるなし，必要性のあるなしにかかわらず，何でも参加してみるというのである。
　子育てをサポートするのが子育て支援である。子どもを預かるなどの直接的援助だけでなく，親が親になることへの援助や育児を楽しめるようなサポートも子育て支援に含まれる。図8-3に，厚生労働省の次世代育成支援施策のあり方に関する研究会が2003年8月に取りまとめた報告書「社会連帯による次世代子育て育児支援に向けて」の中の，子育て支援の今後の方向を示した。
　数年前，乳幼児を育てる母親に子育て支援についての質問紙調査をした時に，「あなたの望む育児支援を自由に書いてください」という，自由記述のところで，経済的な援助や遊び場・気軽に子どもを預ける場所を求めている母親が多い中で，「高齢者に行われているような給食サービスが乳幼児を育ててい

■キーワード■　子育て支援

る母親にも欲しい，離乳食と大人用の食事の両方のサービスを受けたい」という意見があった。

　また，以前は育児だけしていれば，自分自身も，周囲も満足していたのに，現代は，母親自身が育児だけでは自分への生き方に満足できなくなっている。

　支援する側にも，「母親とは子どものために我慢して当然である」などと偏った既成概念で母親を批判したり，「大変なのはあなただけではない」などと説教したりするのではなく，先の見えない不安を抱えて，どうしていいかわからず途方に暮れている母親をしっかり受けとめて，寄り添っていく姿勢が求められる。

　現代の母親は，育児情報については，本や育児雑誌，インターネットなどで自分でもいくらでも調べられる。母親が欲しいのは，新しい育児情報ではなく，「あなたのやり方でいいのよ」「あなたも大変ね」「頑張っているわね」という自分を認めてくれる温かいサポートである。

## コラム8：DV

　ドメスティック・バイオレンスを日本語に直訳すると，「家庭内暴力」になるが，日本で「家庭内暴力」というと，子どもから親への暴力に限定して使われてきたことが多いため，夫や親密な関係のあるパートナーからの暴力はそれらと区別するため，原語のままのドメスティック・バイオレンスの頭文字をとってDVと用いられることが多い。

　これまで，家庭内の暴力のうち，特に，夫婦間の暴力に関しては，「夫婦喧嘩は犬も食わない」のたとえのとおり，第三者がかかわることは少なかった。1997(平成9)年の東京都生活文化局の「女性に対する暴力」の調査で，全体の約三分の一の女性が，今までにパートナーから暴力を受けたことがあると報告しているのに続いて，2000(平成12)年の世界女性会議の付帯決議を受けて，政府機関や地方自治体が，一家庭の問題ではなく，社会問題として取り扱うようになった。

　2001(平成13)年には，配偶者暴力防止法が制定され，2004(平成16)年には，保護命令の対象を元配偶者に拡大するとともに，被害者の子への接近禁止制度の創設や退去命令の期間を2ヵ月に延長するなど改正法が制定され施行された。配偶者には事実婚の相手も含まれ，暴力には身体的暴力だけでなく，精神的・性的・経済的暴力なども含まれている。また，圧倒的に女性からの相談が多いが，配偶者には男女の規定はなく，実際に夫から妻への暴力の相談もないわけではない。

　法律の制定により，配偶者からの暴力を受けている人を発見した人は，配偶者暴力相談支援センターや警察に通報するよう努めることとされ，医師や他の医療関係者が配偶者の暴力によるとみられるけがを発見した場合は，配偶者暴力相談支援センターや警察に通報する義務があるとされている。

　配偶者からの暴力を受けても，多くの被害者は直ちに逃げるわけではない。経済的な自立の心配や，子どもの問題といった事情だけでなく，そこには被害者の独特な心理状態がある。恐怖で動けなくなっていたり，自分が悪いから暴力を振るわれるのだと考えるなど自尊感情が低く，無力感から何もする気が起きなかったりする。傍らで，暴力を見て育つことが子どもの心身の健全な発達によい影響が与えるはずはない。緊急に安全に保護することに加えて，権利などの正しい情報を提供したり，関係機関へつないだりして，被害者が自信を取り戻して新しい人生や人間関係を再構築できるように援助しなければならない。

# 第9章
# さまざまな発達の障害

　障害をもった子どもたちが，地域の子どもたちと一緒に保育や教育を受ける機会が増えている。
　幼い時から多様な人間と触れあう経験を広げていくことは，障害児にとっても健常児にとっても有意義なことではあるが，そこに適切な支援や配慮がないと，すべての子どもたちが安心して，充実した毎日を過ごすことは困難になる。
　さまざまな発達の障害について学び，適切な支援や配慮ができる保育者をめざすと同時に，必要に応じて，周囲に支援を求め，保護者をはじめ，子どもをとりまくあらゆる人びとと連携できる保育者になってほしい。

## 1. 発達の障害

### (1) 心身の障害とのかかわり

　私たちはこれまでどのような機会に，心身の障害とのかかわりをもってきただろうか。自分自身が何らかの障害をもっている場合もあるだろうし，家族や身近な友人に障害をもった人がいるかもしれない。現時点では障害をもつ生活と無縁であったとしても，ほとんどの人は，年をとって，視力，聴力，歩行や記憶に困難が生じ，身の回りのことをするために介助が必要な状態を経験することになる。また，これから生まれてくるわが子が障害をもっている可能性を否定することは誰にもできない。心身の障害をかかえて，障害とともに生きるということは，たいていの人にとって身近な問題のはずである。

　人は，未知のものに対して怖れや拒否の感情を抱きやすい。すべての子どもの発達の支援を考え，実践していくことが保育であるならば，保育者にとって心身の障害についての知識と理解は必要不可欠である。正しい知識を得て，個人差への理解，障害とともに生きることの困難と喜び，効果的な支援のあり方などについて考えを深めていこう。

### (2) 発達障害について

　近年「発達障害」ということばが頻繁に使われるが，この用語の定義は明確ではない。以前は，青年期までに生じる継続的な心身の障害をさして用いられたが，近年は知的障害，自閉症，学習障害，脳性まひ，てんかんなど主として青年期までに発症する中枢神経系の原因に基づく精神機能の障害を指すことが多い。2005(平成17)年に施行された発達障害者支援法では次のように定義されている。

■キーワード■　中枢神経系→ p.193　精神機能→ p.193　発達障害者支援法

> 第1章　第2条　この法律において「発達障害」とは，自閉症，アスペルガー症候群その他の広汎性発達障害，学習障害，注意欠陥多動性障害その他これに類する脳機能の障害であってその症状が通常低年齢において発現するものとして政令で定めるものをいう。
> （発達障害者支援法　平成17年　4月1日施行）

　障害名や定義は，時代や根拠となる法律とともに変遷している。「発達」のとらえ方が「受精の瞬間から死に至るまでの変化」を意味するのだとすれば，人間の一生に起きるあらゆる心身の障害が「発達の障害」といえるが，ここでは，従来「発達期」と呼ばれていた青年期までに生じるさまざまな発達の遅れやひずみを「発達の障害」として扱っていく。

　青年期までに生じる障害は2つの意味で特別な配慮を必要とする。まず，第一に人間としてのさまざまな能力の獲得過程で起こる障害であるから，その影響は生涯にわたり，広範な影響を及ぼす可能性が高い。第二に，心身の成長途上であるこの時期の人間は可塑性に富み，障害を補償し，環境に適応する能力の発達が著しい時期でもあるということである。

## 2．発達のアセスメント

### （1）発達診断とアセスメント

　子どもの発達経過に困難や問題を感じた時に，その原因を明らかにし，適切な医療的対応や働きかけの工夫を行うことで，困難が軽減され，二次的な問題の発生を防ぐことが可能になる。たとえば，乳幼児が「難聴」であった場合，早期に発見することによって，適切な時期から補聴器を装着し，視覚的な情報を多用した環境やコミュニケーション方法の工夫をすることが不可欠である。もし，難聴を見逃して対処を怠ると，聴覚的な情報を遮断されることによって，言語獲得をはじめとするコミュニケーション能力や情緒の発達に遅れが生

■キーワード■　発達期→ p.195　可塑性→ p.190　補償→ p.196

じ，思考の発達にも問題が起きてくる。実際に，「知的障害」や「自閉症」だと思われていた子が「難聴」であることが判明し，補聴器をつけてしばらくすると別人のように反応が豊かになったという例もある。

このような事態の発生を防ぐためにも，心身の障害については早期にできるだけ正確な「診断」が行われ，適切な対処がとられることが望ましい。日本では，地方自治体により全児童を対象に1歳6ヵ月健診や3歳児健診が実施され，心身の発達の診断と指導が実施される体制がとられている。診断名をつけることが「障害児」というレッテルをはり，差別的な扱いにつながることを心配する人たちもいるが，健診制度は本来，子どもの心身の健康を守り，障害のある子どもの発達や障害のある子どもをもった親の子育てを地域全体で支えていくためのものである。

しかし，発達の早期においては，明確な「診断」が難しかったり，何か問題がありそうだが，はっきりと診断名をつけることはできないという場合も多い。また，診断名がついてもその後の支援につながらなければ，いたずらに保護者の不安をあおり，混乱を招くだけになってしまう。健診の際に医師や保健師等から言われたことばや，とられた対応に傷つき，わが子を育てていく自信をなくし，絶望的な気持ちになったと述べる保護者も少なくない。個人差が大きく，発達の可塑性に富む乳幼児期の発達診断は保護者の気持ちに細心の配慮を行いながら慎重に行われるべきである。

一方，「発達のアセスメント」は行動観察や各種検査，保護者からの情報をもとに子どもの現状を理解し，今後起こりうる経過の可能性を予測し，必要な支援を考えるためのものである。さらに，行われた支援や教育の成果を評価し，次の対応を考える過程すべてを含む。アセスメントの際に「診断」がつくこともあるが，はっきりと診断がつかない場合でも，現在現れている発達の遅れやひずみをとらえ，つまずきを補償するために利用できる資源を探して，有効な支援の実行につなげていくことができる。

アセスメントの過程においては，現在子どもが示している問題や能力の限

■キーワード■　診断→ p.192　アセスメント→ p.189

界，すなわち，何が困る，こんなことができないといった情報を集めることにとどまらず，どんな時に何ができて，どうすれば困らないか，また，環境的にはどのような改善が可能でどのような援助が期待できるのかといった肯定的情報を得ることも重要である。場合によっては，子どもが今おかれている環境の中で「見守る」「待つ」といった対応が大切な場合もあるが，周囲が漠然とした不安の中で何もしないということと，子どもの現状を把握した上で保護者の不安を受け止め，ともに発達を見守ることとの間には大きな違いがある。

### （2） 保育現場におけるアセスメントと検査結果の活用

「発達検査」や「発達診断」は，病院や相談療育機関において心理士や医師等によって行われる場合が多い。以前は検査を実施しても詳しい結果を保護者や保育者に知らせることをせず，医学的診断と発達経過の記録に役立てるにとどまることも多かったが，最近では保護者に検査結果を説明し，保護者が，利

表9-1　乳幼児期に適用可能な発達検査及び知能検査

| 検査名 | 方法 | 適用年齢 | およその所要時間 | 結果の表示 |
| --- | --- | --- | --- | --- |
| 遠城寺式乳幼児分析的発達検査法 | 保護者からの聴取，観察，直接検査 | 0ヵ月～4歳8ヵ月まで | 15分 | 運動，生活習慣，言語等，6領域についてプロフィールを作成 |
| 乳幼児精神発達診断法（津守・稲毛式） | 保護者からの聴取，観察 | 0歳～7歳まで | 20分 | 運動，探索，言語等，5領域についてプロフィールを作成 |
| 新版K式発達検査 | 観察，直接実施 | 0歳～14歳まで | 30分 | 運動，認知，言語の領域別に得点を算出。領域別発達指数とプロフィールを作成 |
| WPPSI知能検査 | 直接検査 | 3歳10ヵ月～7歳1ヵ月 | 45分 | 各領域ごとの評価点をもとにプロフィールを作成 動作性，言語性，全検査の3種の知能指数を算出 |
| 田中ビネー知能検査 | 直接検査 | 1～13歳 | 30分 | 精神年齢，知能指数を算出 プロフィールなし |

■キーワード■　発達検査　発達診断　保育カウンセラー

## 図9－1　遠城寺式・乳幼児分析的発達検査表（九大小児科改訂版）（遠城寺，1967）

| | | | | | |
|---|---|---|---|---|---|
| 氏名 | 石井 一郎 | 男 外来番号 | | 検査年月日 | 1. H18年8月1日　3.　年　月　日 |
| | | 女 外来番号 | | | 2.　年　月　日　4.　年　月　日 |
| 生年月日 | H16年6月15日生 | 診断 | 精神発達遅滞 | | |

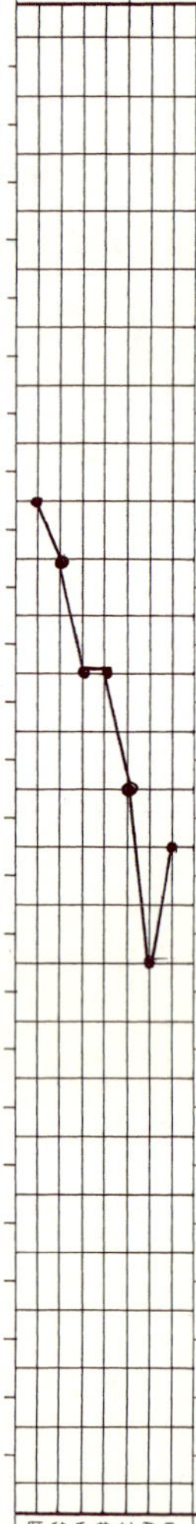

| 年：月 | 移動運動 | 手の運動 | 基本的習慣 | 対人関係 | 発語 | 言語理解 |
|---|---|---|---|---|---|---|
| 4：8 | スキップができる | 紙飛行機を自分で折る | ひとりで着衣ができる | 砂場で二人以上で協力して一つの山を作る | 文章の復唱 (2/3)（子供が二人ブランコに乗っています。山の上に大きな月が出ました。きのうお母さんと買物に行きました。） | 左右がわかる |
| 4：4 | ブランコに立ちのりしてこぐ | はずむボールをつかむ | 信号を見て正しく道路をわたる | ジャンケンで勝負をきめる | 四数詞の復唱 (2/3) 5−2−4−9 6−8−3−5 7−3−2−8 | 数の概念がわかる（5まで） |
| 4：0 | 片足で数歩とぶ | 紙を直線にそって切る | 入浴時、ある程度自分で体を洗う | 母親にことわって友達の家に遊びに行く | 両親の姓名、住所を言う | 用途による物の指示(5/5)（本、鉛筆、時計、いす、電燈。） |
| 3：8 | 幅とび（両足をそろえて前にとぶ） | 十字をかく | 鼻をかむ | 友達と順番にものを使う（ブランコなど） | 文章の復唱 (2/3)（きれいな花が咲いています。飛行機は空を飛びます。じょうずに歌をうたいます。） | 数の概念がわかる（3まで） |
| 3：4 | でんぐりがえしをする | ボタンをはめる | 顔をひとりで洗う | 「こうしていい？」と許可を求める | 同年齢の子供と会話ができる | 高い、低いがわかる |
| 3：0 | 片足で2〜3秒立つ × | はさみを使って紙を切る | 上着を自分で脱ぐ | ままごとで役を演じることができる | 二語文の復唱 (2/3)（小さな人形、赤いふうせん、おいしいお菓子。） | 赤、青、黄、緑がわかる (4/4) |
| 2：9 | 立ったままでくるっとまわる × | まねて○をかく | 靴をひとりではく | 年下の子供の世話をやきたがる × | 二数詞の復唱 (2/3) 5−8 6−2 3−9 | 長い、短いがわかる |
| 2：6 | 足を交互に出して階段をあがる × | まねて直線を引く | こぼさないでひとりで食べる × | 友達とけんかをすると言いつけにくる × | 自分の姓名を言う | 大きい、小さいがわかる |
| 2：3 | 両足でぴょんぴょん跳ぶ ○ | 鉄棒などに両手でぶらさがる × | ひとりでパンツを脱ぐ × | 電話ごっこをする × | 「きれいね」「おいしいね」などの表現ができる | 鼻、髪、歯、舌、へそ、爪を指示する (4/6) |
| 2：0 | ボールを前にける × | 積木を横に二つ以上ならべる × | 排尿を予告する × | 親から離れて遊ぶ ○ | 二語文を話す（「わんわんきた」など） | 「もうひとつ」「もうすこし」がわかる |
| 1：9 | ひとりで一段ごとに足をそろえながら階段をあがる ○ | 鉛筆でぐるぐるまるをかく × | ストローで飲む ○ | 友達と手をつなぐ × | 絵本を見て三つのものの名前を言う | 目、口、耳、手、足、腹を指示する (4/6) |
| 1：6 | 走る ○ | コップからコップへ水をうつす ○ | パンツをはかせるとき両足をひろげる × | 困難なことに出会うと助けを求める ○ | 絵本を見て一つのものの名前を言う | 絵本を読んでもらいたがる × |
| 1：4 | 靴をはいて歩く ○ | 積木を二つ重ねる ○ | 自分の口もとをひとりでふこうとする ○ | 簡単な手伝いをする × | 3語言える | 簡単な命令を実行する（「新聞を持っていらっしゃい」など。） × |
| 1：2 | 2〜3歩あるく | コップの中の小粒をとり出そうとする × | お菓子のつつみ紙をとって食べる ○ | ほめられると同じ動作をくり返す × | 2語言える × | 要求を理解する (3/3)（おいで、ちょうだい、ねんね） × |
| 1：0 | 座った位置から立ちあがる | なぐり書きをする ○ | さじで食べようとする ○ | 父や母の後追いをする ○ | ことばを1〜2語、正しくまねる × | 要求を理解する (1/3)（おいで、ちょうだい、ねんね） ○ |
| 0：11 | つたい歩きをする | おもちゃの車を手で走らせる ○ | コップを自分で持って飲む | 人見知りをする ○ | 音声をまねようとする × | 「バイバイ」や「さようなら」のことばに反応する ○ |
| 0：10 | つかまって立ちあがる | びんのふたを、あけたりしめたりする ○ | 泣かずに欲求を示す | 身ぶりをまねする（オツムテンテンなど） × | さかんにおしゃべりをする（喃語） ○ | 「いけません」と言うと、ちょっと手をひっこめる ○ |
| 0：9 | ものにつかまって立っている | おもちゃのたいこをたたく | コップなどを両手で口に持っていく | おもちゃをとられると不快を示す ○ | タ、ダ、チャなどの音声が出る ○ | |
| 0：8 | ひとりで座って遊ぶ | 親指と人さし指でつかもうとする | 顔をふこうとするといやがる | 鏡を見て笑いかけたり話しかけたりする ○ | マ、バ、パなどの音声が出る ○ | |
| 0：7 | 腹ばいで体をまわす | おもちゃを一方の手から他方に持ちかえる | コップから飲む | 親しみと怒った顔がわかる ○ | おもちゃなどに向って声を出す | 親の話し方で感情をききわける（禁止など） |
| 0：6 | 寝がえりをする | 手を出してものをつかむ | ビスケットなどを自分で食べる | 鏡に映った自分の顔に反応する | 人に向って声を出す | |
| 0：5 | 横向きに寝かせると寝がえりをする | ガラガラを振る | おもちゃを見ると動きが活発になる | 人を見ると笑いかける | キャーキャーいう | 母の声と他の人の声をききわける |
| 0：4 | 首がすわる | おもちゃをつかんでいる | さじから飲むことができる | あやされると声を出して笑う | 声を出して笑う | |
| 0：3 | あおむけにして体をおこしたとき頭を保つ | 頬にふれたものを取ろうとして手を動かす | 顔に布をかけられて不快を示す | 人の声がする方に向く | 泣かずに声を出す（アー、ウァ、など） | 人の声でしずまる |
| 0：2 | 腹ばいで頭をちょっとあげる | 手を口に持っていってしゃぶる | 満腹になると乳首を舌でおし出したり顔をそむけたりする | 人の顔をじいっと見つめる | いろいろな泣き声を出す | |
| 0：1 | あおむけでときどき左右に首の向きをかえる | 手にふれたものをつかむ | 空腹時に抱くと顔を乳首の方に向けてほしがる | 泣いているとき抱きあげるとしずまる | 元気な声で泣く | 大きな音に反応する |
| 0：0〔年：月〕 | | | | | | |
| 暦年齢・移動運動・手の運動・基本的習慣・対人関係・発語・言語理解 | 移動運動 | 手の運動 | 基本的習慣 | 対人関係 | 発語 | 言語理解 |
| | 運動 | | 社会性 | | 言語 | |



発行元 〒108-8346 東京都港区三田2-丁目19-30 慶應義塾大学出版会

用できる療育サービスを選択する際や，保育や教育の場に必要な支援を求めていくにあたって活用することができるようになってきている。また，相談療育機関のスタッフが幼稚園や保育園と連携してアセスメントを行ったり，保育カウンセラーが保育の場に直接かかわって行動観察を含めたアセスメントを行い，保育者とともに子どもや保護者への支援を行うことも見られるようになってきた。

　アセスメントは日常生活場面での環境調整や働きかけの工夫に直結するものであるから，その過程には保護者や保育者が主体的に参加し，アセスメントから得られた結果を日々の生活の中に生かしていくことが望ましい。保育士や教師が見ている子どもの姿は，健診や検査の場面ではとらえきれない日常の姿であり，保護者よりも広い視野で客観的な視点に立っているため，今後の働きかけを考える上では非常に有効な情報である。

　保育者が直接検査を実施する機会はないかもしれないが，どのような検査で何が測られ，その結果はどのような意味をもつのか，日々の子どもの姿に関連づけて理解しておくことは大切である。乳幼児の発達アセスメントに使われる検査を表9-1に，比較的簡便に実施できるため，初回アセスメントで用いられることの多い遠城寺式乳幼児発達検査表の実施例を図9-1に示す。検査表の左端にある折れ線グラフは「プロフィール」とよばれ，子どもの能力を分析的にとらえ，得意分野と不得意分野がわかるように表されたものである。

## 3. 精神機能の発達障害

### （1） 精神発達遅滞（知的障害）

　知的機能（認知，記憶，思考，学習等の力）の発達水準がその子の実際の年齢の標準より遅れている状態（知能指数70以下）をさし，その分類を表9-2に示す。実際に知的障害の診断がなされる際には，知能検査による診断結果

■キーワード■　プロフィール　精神発達遅滞（知的障害）　知的機能

表9-2　知的障害の程度による分類（文部省初等中等教育局長通知より作表）

| 分類 | 知能指数 | 成人における日常生活の困難度 |
|---|---|---|
| 軽度 | 50から75 | 普段の日常生活に差し支えない程度に身のまわりの事柄は処理できるが抽象的に物事を考えることには困難がある |
| 中度 | 25ないし20から50 | 環境の変化に適応する能力に乏しく，他人の助けによりようやく身のまわりの事柄を処理できる |
| 重度 | 25ないし20以下 | ほとんど，ことばを理解することができず，意思を伝えることや環境に適応することが著しく困難であって，日常生活ではいつも誰かの介護を必要とする |

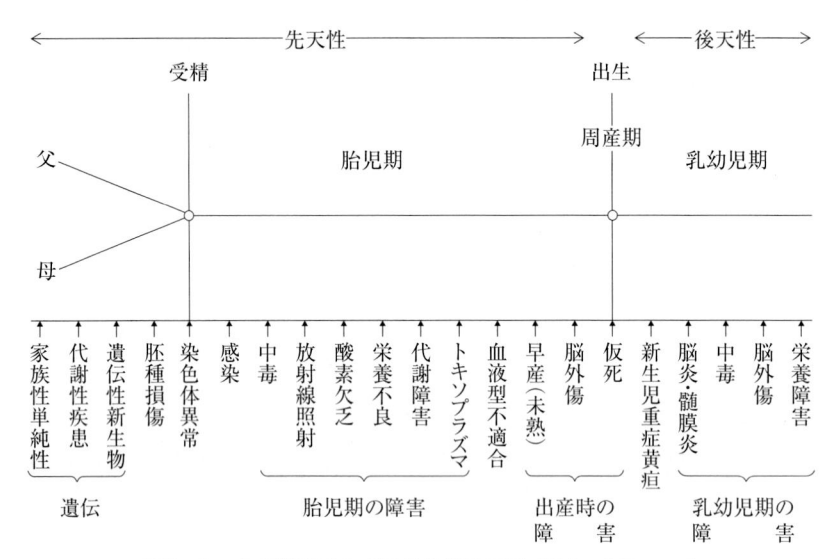

図9-2　知的障害を生ずる生物学的原因（柚木・白崎，1988）

に，言語能力や，社会性，身辺処理能力などの生活行動面での発達についての観察結果を加えて総合的に判断される。また，知能検査が実施できるようになる以前の乳幼児では「発達検査」から求められる「発達指数」や生育歴，行動観察の結果から総合的に判断される。

　法律の中では「知的障害」という呼称が用いられるが，医学的診断としては「精神遅滞」や「精神発達遅滞」が用いられることが多い。特に，乳幼児期に

■キーワード■　発達指数

おいては,「軽度の精神発達遅滞」を「知的障害」ととらえることには慎重でなければならない。たとえば，10歳の児童が，平均より1年程度の知的発達の遅れがあったとしても，問題にならないが，3歳の幼児が2歳の発達レベルを示すと，検査結果の指数からは「精神発達遅滞」という診断がなされることになる。しかし，この時期は個人差や生育環境から受ける影響が大きい時期でもあるので，1年程度の遅れが将来的にも「知的障害」として残るものなのか，徐々に正常範囲に収まっていくのかを確実に予測することは困難である。

知的障害の生物学的原因については，図9-2に示すようなものが考えられる。しかし，実際には，はっきりした原因がわからない場合が多く，ダウン症は「染色体の異常」という原因がわかっていても，なぜ染色体の異常が起きるのかは明らかになっていない。知的障害の出現率は2〜3％といわれる。

## (2) 広汎性発達障害（自閉症）

「広汎性発達障害」ということばは耳慣れないかもしれないが，「自閉症」ということばはほとんどの人が耳にしたことがあるだろう。正確には「自閉症」は「広汎性発達障害」に含まれる障害の1つである。他のいくつかの障害も含んだ概念ではあるが，ほぼ同義として用いられている。広汎性発達障害の定義は以下の3つの特徴が3歳以前からみられることである。

(1) 視線を合わせたり（アイコンタクト），表情から気持ちを読み取ったりといった情緒的交流に基づく対人関係をつくることが困難。
(2) ことばの発達に遅れがある，適切なことばの使い方ができないなどの言語によるコミュニケーションの障害がある。
(3) 限られた範囲での特定のものへの強い関心，すなわち「こだわり」があったり同じ行為を繰り返す常同行動がみられる。

人との情緒的関係をつくることの困難のみでなく，多様な発達の側面でさまざまな困難を抱えているという意味で「広汎性」の「発達障害」という診断名がつけられるようになったわけだが，現在のところ「自閉症」という診断名の

━━━━━━━━━━━━━━━━━━━━━━━━━━━━━━━━━━
■キーワード■　指数→p.192　ダウン症→p.193　広汎性発達障害（自閉症）→p.191
アイコンタクト　こだわり　常同行動

方が一般的に知られており，状態像についてもイメージしやすい。ただし，「自閉症」といっても，様相は一人ひとり異なり，養育環境しだいで，症状は大きく改善する場合もある。ウイング（1998）は自閉症児の行動様式を「孤立型」「受け身型」「積極・奇異型」の3つに分けて説明し，3つのタイプは発達によって変化するとしている。実際，幼稚園に入園当初は視線も合わず，会話も困難で自閉症の症状が顕著であった子どもが，園生活に慣れ，ことばも出て，視線も合うようになってくると，一見自閉症とは思えないほど人なつこく思えることがある。しかし，気をつけてみると，会話が一方的であったり，見ず知らずの人にも平気で話しかけたり，対人関係における奇異な行動や，文脈にそったコミュニケーションの困難，こだわりや知覚の過敏といった自閉症特有の特徴に気づく。これは，孤立型を示していた子どもが積極奇異型に変化してきたものであるが，自閉症の子どもたちがもつ本質的な特徴が無くなったわけではないので，引き続き適切な配慮や支援を行うことが大切である。

　また，「広汎性発達障害（自閉症）」を理解するにあたって気をつけなければならないのは，この障害が示すさまざまな症状は脳の障害が原因であり，養育環境や心理的理由でこころを閉ざしたために起こっているものではないという点である。「母親の愛情が足りないと自閉症になる」などという誤解のために，ずいぶんつらい思いをしてきた保護者もいる。また，「場面緘黙」が自閉症と混同されている場合もあるが，両者は全く違うものである。

　近年，広汎性発達障害の中でも精神発達遅滞を伴わない「高機能広汎性発達障害」や，精神発達遅滞も言語発達の遅れも伴わない「アスペルガー症候群」が注目されており，後述する「軽度発達障害」に含まれる障害として，さまざまな支援が始められようとしている。

　従来は「自閉症」の発症率は，10,000人に対して2～5人といわれ，その8割以上に知的障害が伴うと考えられていた。しかし，近年「広汎性発達障害」としての研究が進むにつれ，自閉症の発症率は100人あたり1～1.7人は存在し，その半数は知的障害をもたないという見解に修正されている。

■キーワード■　場面緘黙→p.195　高機能広汎性発達障害　アスペルガー症候群　軽度発達障害→p.191

## （3） 軽度発達障害

　精神発達遅滞を伴わない広汎性発達障害（高機能自閉症，アスペルガー症候群），学習障害（LD），注意欠陥多動症候群（ADHD）などを指す。それぞれの症状については表9-3に示す。

　知的な発達が正常範囲にあるために，長い間，特殊教育や，障害者福祉制度

表9-3　軽度発達障害の主な診断名と症状

| 診断名 | 症状 |
|---|---|
| 注意欠陥・多動性障害（ADHD） | ①不注意，②多動，③衝動性が，同年齢の子どもに比べて著しい。落ち着いてじっとしている事が難しく，着席して話を聞いたり，順番を待つことができない。気が散りやすく，注意深く指示を聞いたり，物事を順序だててやり遂げる事が困難。自分の興味のあることには驚くほどの集中力をみせることもある。独歩が可能になると同時に多動性が顕著になることが多い。知的障害は無いか，あっても軽度である |
| 学習障害（LD） | 基本的には，全般的な知的発達に遅れはないが，聞く（耳で聞いて内容を理解する），話す（自分の考えを相手にわかるように話す），読む（文章の意味を正確に読み取る），書く（字の形を正確に書く），計算する（数の概念の理解），推測するなどの学習能力の一部に問題がある。そして，同時に不器用さ，注意力の弱さ，情緒の不安定などを伴うことがある。基本的には就学後に診断される障害であるが，幼児期から兆候が見られることも多い |
| 高機能広汎性発達障害 | 知的障害を伴わない広汎性発達障害であり，高機能自閉症とアスペルガー障害が含まれる。自閉症と共通する症状（①対人関係形成の困難，②言語によるコミュニケーションの困難，③こだわり）が認められる。障害の程度によっては知的能力が高くても，集団生活への適応や社会的自立が困難な場合がある。特異な行動特徴が理解されずいじめの対象になったり，ストレスから心身症を併発することもある。3歳以前に発症。アスペルガー障害は言語発達の遅れがみられない |
| 発達性協調運動障害 | 協調運動を必要とするような日常の活動において，同年齢の子どもに比べ困難が著しい。運動発達の遅れ，不器用さ，スポーツが苦手，書字が苦手などに現れる。苦手意識から体を動かすことを避けたり，劣等感を持つことが多く，いじめの対象にもなりやすい。脳性麻痺や広汎性発達障害等の障害に伴うものではなく，知的障害は無いか，あっても軽度である |

■キーワード■　学習障害（LD）→ p.190　注意欠陥多動症候群（ADHD）→ p.193

の対象とはならなかった。しかし，現実には特別な教育的支援や社会的自立のための支援を必要とする場合が多く，前述した「発達障害者支援法」(p.171参照）は，主として従来の制度では支援が受けられなかった軽度発達障害をもつ人を対象としたさまざまな支援の拡大を目的に作られた法律である。

　これまで，障害からくる特徴的な行動や学習上の問題を，しつけや本人の努力不足に帰されることも多く，不適切な周囲の対応が情緒障害や心身症，不登校などの二次的な障害の原因となることもあった。軽度発達障害への理解が進み，それぞれの特性に合わせた支援が行われることによって，幼稚園や保育所，学校等の集団生活に適応し，本来の能力を発揮して社会的自立を果たしていける場合が多い。

## 4．身体的障害

　心身の発達の著しい時期に身体的障害を抱えるということは，発達のさまざまな側面に影響を及ぼすことになる。手足が不自由であったり，視覚や聴覚に障害がある時，物理的手段や訓練によって生活上のハンディキャップを最小限にとどめる努力や，治療や訓練に伴うさまざまな精神的苦痛への配慮が必要である。しかし，一方で障害をもちながら生活することがすべて困難や不幸に直結するわけではないということを念頭におく必要がある。障害を受け入れ，障害と共に生きることで，むしろ豊かに成長をとげていく子どもたちも多い。

### (1) 肢体不自由

　肢体とは，四肢と体幹のことをいい，人間の体の姿勢を保ったり，動いたりする体の部分のことである（脳や内臓など，体の内部の臓器は含まない）。肢体の一部が欠損したり，自由に動かせなかったりするために，日常生活に不自由をきたしている状態が肢体不自由である。肢体不自由を伴う主な疾患としては，脳性まひ，先天性奇形，進行性筋ジストロフィー症，二分脊椎，外傷性疾

■キーワード■　肢体不自由　脳性まひ

患（切断等）などがある。

　この中で，脳性まひは肢体不自由の7割を占める障害で，発育途上の脳に，非進行性の病変が起こることによって，運動発達の遅れ，筋緊張の異常，姿勢の異常，などが生じる。また，原因となる脳の病変によって，多くの場合，言語障害や知的障害，けいれん発作を合併する。主な原因としては，胎内感染，早期産低体重児出生，出産時仮死，髄膜炎，出生後の頭部外傷，などがある。

　肢体不自由児は，運動発達が全般に遅れがちで，このような運動発達の遅れは，移動や探索などの行動を制限し，さまざまな経験や学習の機会を奪ったり減少させたりすることになる。また，治療や訓練に伴う苦痛や不安などによって情緒的な安定を欠きやすく，欲求不満を生じたり，依存的になったりということもみられる。形態や，容姿に一目でそれとわかる異常がある場合，周囲の無理解な態度や視線にさらされることは，本人にとっても保護者にとっても耐え難い苦痛である。そのために人中に出ることを避けたり，家の中に閉じこもるようなことがあれば，ますます経験の幅は狭められ，学習のチャンスを失うことになる。周囲の人が，偏見や不必要な同情を捨て，必要な配慮をもち，一緒に社会生活に参加することがあたりまえのこととして行えるようになってほしいものである。

## （2）聴覚障害（難聴）

　聴覚障害（難聴）は，聴覚器官または，脳の聴覚中枢のいずれかに障害があるために，音が聞き取れない，あるいは聞き取りづらい状態である。幼児期に聴覚障害をもつことは，単純に「音がききとれない」というだけではなく，「話す」ことや「考えること」「コミュニケーションをとること」など，さまざまな能力の発達が障害を受けるということである。聴覚障害はできるだけ早期に発見し，適切な対応をとることで，二次的な障害を最小限にとどめることが大切である。

　この聴覚障害は，それほど多い障害ではないが（新生児1,000人あたり5

■キーワード■　聴覚障害　難聴

表9-4　世界保健機構（WHO）による分類と聞こえの状態

| 聴力レベル | 分　類 | 聞こえの状態 |
| --- | --- | --- |
| 26-40dB | 軽度難聴 | 日常会話に不自由しない。ささやき声や小さな話声が聞き取りにくい |
| 41-55 | 中等度難聴 | 一対一の会話なら聞き取れる。聞き違いが多くなる |
| 56-70 | 準高度難聴 | 集団活動の場での聞き取りが困難。大きな声は1m以内ならわかる |
| 71-90 | 高度難聴 | 至近距離でなければ会話語がわからない |
| 91- | 最重度難聴 | 至近距離でも会話語の聞き取りが困難または不可能 |

～6人），知的障害や自閉症の診断をする際にも，まず，「聴覚障害」の可能性を否定しておかないと，とりかえしのつかない対応の誤りを犯すことになってしまう。

　聞こえにどの程度の困難があるのかは，両耳の聴力を測定してその聴力レベルがどの程度かによって判断される。聴力レベルは，音の強さを表す単位，デシベル（dB）で示される。世界保険機構による聴力レベルの分類と聞こえの状態を表9-4に示す。

## （3）視覚障害

　視力や視野の障害，光覚や色覚の障害，眼球運動の障害など，さまざまな見る機能全体の障害のことを視覚障害という。中でも「視力」に障害があり，見ることが不自由または不可能になっている場合は日常生活への影響が大きく，できるだけ早期に発見し，適切な訓練や教育が行われることが不可欠である。この場合の視力とは，眼鏡やコンタクトレンズで屈折異常を矯正した場合の視力で，世界保健機構（WHO）の基準では盲は視力が0.05未満，弱視は0.05～0.3と区分されている。

　視覚障害の主な原因としては，小眼球，白内障，緑内障，未熟児網膜症などが，先天的にあるいは出生直後に発症していた場合，または病気の感染や，事故の後遺症などのほか，原因不明のものもある。

■キーワード■　聴力レベル　視覚障害

出生直後から、視覚的な刺激は子どもの心身の発達に重要な役割を果たしており、子どもをとりまく環境から視覚刺激が奪われることは、それだけでさまざまな経験の機会がなくなることでもある。したがって、周囲の大人は、聴覚、触覚をはじめあらゆる残存した感覚に働きかけて、できるかぎり豊かな環境を準備し、子どもたちの発達を援助していく必要がある。スキンシップや暖かい語りかけのことばを十分に与え、自分は愛されているという気持ちを保てるようにしていくことが大切である。

## 5. ことばの障害

「ことばの障害」は、知的障害にも、自閉症にも、聴力障害にも、運動能力障害にも伴うものであり、さらに情緒的な障害によっても起こることがある。そして、「ことばの障害」がこれらのさまざまな発達の障害に気づく最初のきっかけであることも多い。したがって、「ことばの障害」は、まず、子どもの発達全体に目を向け、その子の症状がどのような原因から起こっているのかをさぐりながら、適切な対応を考えていく必要がある。

### (1) ことばの遅れ

ことばの発達に関して受ける相談の中で最も多いのが「ことばの遅れ」である。しかし、ことばの発達の過程は非常に個人差が大きく、2歳半まで一言もことばらしきものを発しなかったのに、2歳半を過ぎたとたんにあふれるようにことばを話し始めたという例もある。1歳代は、こちらの言ったことばがだいたい「理解」でき、指さしをしたり、声を出してコミュニケーションをとろうという意欲が育っている場合には、あまり心配せずに様子を見てもよい場合が多い。しかし、次のような場合には、専門の機関に相談することを勧める。

(1) ことばの理解力も遅れているようだ。
(2) 2歳半を過ぎても単語が出ない、あるいは3歳を過ぎてもことばの数が

■キーワード■　スキンシップ→ p.193　ことばの遅れ

増えなかったり，出ていたことばが消えてしまった。
(3) 視線が合いにくかったり，人への関心がうすい。
(4) よだれが多い，ころびやすい，不器用で，なんとなく動きがぎこちない。
(5) ことばでのコミュニケーションがとれないために，乱暴な行動が多かったり，友だちとかかわりがもてない。

## （2） 発音の障害

ことばの発音のことを「構音」といい，正しい発音ができない状態を「構音障害」という。ことばを話し始める乳幼児期には，誰でも正しく発音できない音がたくさんある。幼児期は，赤ちゃんことばがなかなかぬけなかったり，サ行音がなかなか言えるようにならない子がいても，そのほかの全体的な発達に問題がなければ，あまり神経質にならずに様子を見た方がよい場合が多い。しかし，次のような症状については，言語聴覚士のいる専門の治療機関を受診することを勧める。

(1) 6歳を過ぎても赤ちゃんことばがぬけなかったり，発音できない音がある。
(2) たくさん話すのに，発音できない音が多くてことばの意味が通じない。
(3) 声が鼻にぬける，のどに力のはいった分かりにくい発音をする。
(4) 「側音」と言って，息が脇からもれる歪んだ発音（イ列に多い）がある。
(5) 本人が発音を気にして人前で話すことを嫌がる。

## （3） 吃　　音

ことばのはじめが出にくく，音を繰り返したり，引き延ばしたり，つまったり，いわゆる「どもる」状態のことを「吃音」という。吃音は，緊張するとひどくなることや，症状に波があり良くなったり悪くなったりを繰り返す，という特徴がある。

■キーワード■　発音の障害　構音障害　吃音→p.190

2～3歳くらいの，まだ，流ちょうにしゃべれない時期の子どもが，吃音と同じような話し方をすることは頻繁に見られる。したがってこの時期の子どもがことばにつまったり，音を繰り返したりする話し方をしていたとしても，ことばの発達の一過程であり，「吃音」という見方はしない。4, 5歳でかなり吃音の症状が固定化してきたように思えても，周囲が気にせず，ゆったりと成長を見守る環境があれば，成長とともに症状が目立たなくなり，消失していく場合も多い。

吃音の原因については諸説があり，これといって1つに絞れるものではない。心理的なストレスが症状を悪化させることから，情緒障害の一種と考える場合や，生まれつきの素因に環境の条件が加わると発症するという説がある。

吃音は，同じような症状を示していても，原因は一人ひとり微妙に異なっており，子どもの環境の中で，吃音を悪化させる要因と思われる部分を改善し，子どもが積極的な生活姿勢を持てるように支援していくことが大切である。子どもが吃音に気づいていない時期は，親や，周囲の環境への働きかけが中心となり，子どもが症状を気にしはじめたら，子どもの悩みを受け止めながら，言語訓練を行うことが効果をあげる場合もある。

周囲の大人がいつも子どもの話し方に注意を向けて気にしていると，子ども自身が「自分の話し方はおかしいのではないか」という意識をもつことになり，そのことが吃音症状を悪化させたり，固定化させたりすることにつながる。子どもの話し方よりも，話したい気持ちや，伝えようとしている内容にしっかり耳を傾けてほしい。

## 6. 保育の中での障害児の発達

### (1) 統合保育

障害のある子と健常児を同じ場で保育することを「統合保育」呼ぶ。

■キーワード■　統合保育→ p.194

保育所保育指針の中では「障害のある子どもの保育」について「一人一人の子どもの発達過程や障害の状態を把握し，適切な環境の下で，障害のある子どもが他の子どもとの生活を通して共に成長できるよう，指導計画の中に位置付けること」と明記されている。障害の有無にかかわらず，さまざまな個性をもった子どもたちがかかわり合いながら育つ場は，障害児にとっても，健常児にとっても豊かな経験と学びの場になる可能性をもっている。

しかし，発達の障害をもつ子どもたちは，通常の保育環境や指導計画のもとでは，十分に自己の力を発揮することが困難な場合も多く，それぞれの子どものハンディキャップを補うための配慮が必要である。本章「2. 発達のアセスメント」で述べたように，一人ひとりの子どもの発達の状態を把握し，適切な支援を行った上ではじめて「統合保育」がすべての子どもにとって有意義な成長の場となっていくのである。

## （2）協力と連携

統合保育を効果的に進めるためには園全体での支援体制，保護者との協力体制，さらに，療育機関や，巡回相談等を担当する専門職との連携が不可欠である。そういった協力体制がないままに，障害児を通常の保育の場に受け入れると，担任保育者に過重な負担を強い，保育者としての「自己効力感」を脅かし，バーンアウトを招く契機になることもある。また，保護者の不安も大きくなり，障害児と健常児が共に育つ場を維持することが難しくなる。

子どもをとりまくさまざまな人びとの協働が円滑に行われ，保育の中ですべての子どもたちの確実な成長を実感することができたとき，保育者は大きな「ポジティブゲイン（この仕事をしていてよかったと実感した体験）」を得ることが可能になる。

■キーワード■　自己効力感→p.192　バーンアウト→p.194　ポジティブゲイン

## コラム9：「こころの理論」と自閉症

　下に示したイラストは「サリーとアンの課題」と呼ばれる。この課題の答えはもちろん「かごの中」。サリーはアンがぬいぐるみを箱の中に隠したことを知らないのだから。しかし，3～4歳以下の幼児は「箱の中」と答える。この課題に正答するためには，「他者は自分とは異なる意識をもつこと理解すること」（サリーは自分が知っていることを知らない場合もある），「状況を手がかりに他者の心の中を推察すること」（サリーはアンが隠すところを見ていないのだから，きっと人形はまだサリーがしまったところにあると思っているだろう）の2つの能力が必要とされる。このように他者の心を推測・想定する機能は「こころの理論」と呼ばれている。

　バロン＝コーエンは，自閉症者の特徴は「こころの理論」の獲得がうまくいかないところにあると述べている。「サリーとアンの課題」について，知能水準が10歳近い自閉症児でも正答することは難しく，もう少し複雑な課題（Aが○○と思っているとBは信じているなど）になると，さらに正答は困難になるという。

　私たちは，コミュニケーションに際し，ことばの意味する内容に加えて，前後の状況や，相手の様子から多くの情報を読み取り，相手の心の中を推測して対応している。たとえば，玄関先で，「お母さんはいますか？」と言われた時，小学生以上であれば「はい，います」と答えた後，母親を呼ばない子どもはいない。しかし，多くの自閉症者は，「はい」と答えた後，母親を呼びにいくことはしない。「お母さんはいますか？」は文字通り，母親が存在するか否かに関する問いであり，「お母さんと話したいので，呼んで下さい。」という隠れた意図を読み取ることは困難なのである。

### サリーとアンの課題

サリーはぬいぐるみをかごにしまいました。

サリーが部屋を出た後、アンがやってきて、

アンはサリーのぬいぐるみを箱の中に隠しました。

部屋にもどってきたサリーは最初にどこをさがすでしょう。

# ■用語解説■

**愛着（アタッチメント）** 乳児が特定の養育者（通常母親）との間に形成する親密で継続的な情緒的つながり。愛着形成のための行動は生得的に備わっている生物学的機能であり，乳児の発信行動（泣く，微笑む，手を伸ばすなど）に養育者が応えることの繰り返しを通じて発現する。乳児期の愛着形成はその後の社会への適応に重要な役割を果たすと考えられる。

**アイデンティティ** 同一性，自我同一性と訳されている。エリクソンによって概念化されたもので，青年期の心理的葛藤の中核としてアイデンティティの危機が論じられている。アイデンティティとは，「自分が自分である」つまり何者なのであるかといった意識を維持している状態で，青年期はこの自分は何者かといった問いに混乱し，苦悩する時期と考えられている。

**アセスメント** 実態を多面的に明らかにするための情報収集。標準化されたテスト，生育歴の聞き取り，さまざまな状況での行動観察などで，適切な支援方法の選択のために行われる。

**後追い** 個人差があるが，生後6～7ヵ月頃から始まり，子どもによっては3歳ぐらいまで続く。母親など，愛着の対象が自分から離れていこうとするときに激しく泣いて分離を嫌がったり，後を追いかけたりする行動。身近な人への愛着が成立することによって起きてくる。

**アニミズム** ピアジェは生命のないものに生命を認めたり，意識や意志などの心の働きを認めたりする幼児の心理的特徴をアニミズム（animism）とよび，これが子どもの心の特徴の1つと考えている。そして，その説明を子どもが自分の心の中の出来事と外界の出来事とが区別できないという自他の混同や未分化性に求めている。

**移行対象** ウィニコットの用いた用語で，自分の心を安定させるための，母親代わりの存在となるものを指す。毛布，タオルなどの布類やぬいぐるみ，人形などのほか，指しゃぶりも同様のものとらえられる。乳幼児が，眠る時や環境が変わった時などストレスのかかるような状態の時に，顔をうずめたり，においをかいだり，なめたり，話しかけたりする。1歳前後の，母親からの分離が始まる時期に移行対象への強い愛着が始まることが多い。

**一語文** 1歳前後の初語期から2歳前後の多語文が生じるまでに使われる1単語からなる発話。1語がいろいろな場面において多様な文法関係で使用されるので（たとえば，「ブー」という語で「自動車に乗りたい」「自動車が走っている」などを表現する），1語で文のような複雑な表現をしていると説明されてきた。しかし，研究者の中には，多語文と違い文の構造が明確ではないので「一語発話」とよぶべきであると主張する者もいる。

**イメージ** 体験を心の中に浮かべたものがイメージである。自分が見た行動をイメージとして記憶し，実際の動作でイメージを再生することによって，目の前にモデルがいなくても模倣行動が可能になり，ごっこ遊びが成立する。

**ヴィゴツキー**（Vygotsky, L.S. 1896-1934）ソビエトの心理学者。38歳でこの世を去るまでの約10年間，精力的に心理学の研究を行いソビエトにおける発達

理論の基礎を築いた。発達の要因として教育を重視し，教育が発達を促し，先導すると主張した。また，子どもは生まれた時から社会的存在であり，社会的コミュニケーションが内面化され，個人の独立的な精神活動を培うと考えた。

**エインズワース**（Ainsworth, M.D.S. 1913-1999）　アメリカ合衆国生まれの児童心理学者。愛着の研究者として，ボウルビィと共同研究を行なった。親子の愛着関係を実験的にとらえるための手続きとして，ストレンジシチュエーション法を考案した。

**エリクソン**（Erikson, E.H. 1902-1994）　ドイツ生まれの精神分析家，発達心理学者。後にアメリカに亡命。乳児期から老年期までの一生を8つの段階に分け，各段階で解決すべき「発達課題」を心理的社会的な危機の克服としてとらえた。

**過拡張**　幼児が言語習得の初期に1つのことばを本来の意味より広い対象にあてはめて使用するもの。たとえば，「ワンワン」をイヌに限定せず，ネコやウサギなど毛の生えた動物すべてにあてはめて使用するような場合をさす。

**学習障害**（learning disabilities: LD）　全般的な知的機能の遅れはないが，特定の学習に困難があり通常の学習活動に適応が難しいというもの。知的機能の遅れがない学習障害の子どもにも適切な教育的支援の必要性があるとして発展した概念。

**学童保育**　小学校低学年の児童を対象に，保護者が昼間就労などで家庭不在などの場合，適正な遊びや生活の場を与えて子どもの健全育成を図る事業。児童館・児童センター・学校の空き教室などを利用して行われている。

**過限定**　幼児が言語習得の初期に1つのことばを本来の意味より限定された対象にあてはめて使用するもの。たとえば，「ワンワン」を自分の家の飼い犬には使用するが，ほかのイヌには使用しないというような場合をさす。

**可塑性**　原義は，金属や粘土などの個体に圧力を加え変形した時，圧力を取り去っても変形が残ること。発達における可塑性とは，環境の変化や外部からの働きかけによって，心身の機能が容易に変化可能な，学習能力の高い状態を表す。

**気質**　人の情緒的反応の素質・生理学的特徴を表現する際に用いられる。一般的に，人の性格はある構造をもつとされ，気質が個人の中核を成す層として考えられている。

**吃音**　音をのばしたり反復したり，ことばがなかなか出てこないなど，話しことばのリズムの乱れ。

**基本的生活習慣**　具体的には，食事，排泄，睡眠，着脱衣，清潔維持などがあげられる。生命を維持し，健康な生活を送るために毎日繰り返される行為である。所属社会の文化の影響を強く受け，自分が不快でないと同時に，周囲の人を不快にさせないという配慮が強く求められる。

**虐待**　子どもへの身体的暴力や性的暴力，心理的虐待やネグレクトをいう。虐待であるかどうかの判断は難しいが子どもの立場に立って，子どもの状況や保護者の状況・生活環境から総合的に判断されなければならない。

**ギャング・エイジ**　小学校後半ごろ，同性の児童が強い結びつき（凝集性の強い）の仲間をつくり，その仲間を中心に活動を展開する時期がある。このような時代をギャング・エイジまたは徒党時代と呼ぶ。仲間意識が強まるため，他の集団や人に対して閉鎖的で排他的な傾向をもつ。ともすると，不健全な彷徨に発展す

る危険もあるため、「ギャング」という名称がついている。

**共同注意** 相手が注意を向けている対象に自分も注意を向け、お互いの注意を重ね合わせること。乳児においては生後8ヵ月ころになると、相手の指さしに反応して指された方向を見るようになり、10ヵ月ころになると「視線追従」が可能になる。それより早く、7〜8ヵ月には大人が、乳児の見ているものに注意を向け言語化する行為が観察され、相互に行う共同注意が、言語習得過程においては重要な意味をもつ。

**軽度発達障害** 発達障害のうち、知的障害を伴わないものをさす。アスペルガー症候群、高機能自閉症、LD、ADHDなどがこれに当たる。軽度とはあくまで知的障害が軽度もしくは存在しない（総合的な知的発達水準が正常範囲内）ということで、社会生活に伴う困難が軽いわけではない。しかし、この名称では、障害の程度が軽い者という誤解を招く等の主張もある。このため、文部科学省は、2007年3月15日、同省としては「軽度発達障害」という用語は使用しないことを表明した。しかし、障害者と健常者の境界領域に位置するがために、ほぼ生得的な障害があることが認知されにくく、適切な療育を受けられないばかりか、「わがまま」「性格が悪い」「常識がない」「親の育て方が悪い」など非難に晒されやすいという、この障害独特の問題を見逃すことはできない。現段階では「軽度発達障害」に代わる適切な名称の使用に合意が得られていないため、本書では、引き続きこの用語を使用している。

**ゲゼル**（Gesell, A.L. 1880-1961） アメリカの小児科医、発達心理学者。発達における遺伝的側面を重視し、成熟優位説を提唱した。発達は遺伝子に組み込まれたプログラムにより展開されると考えた。早すぎる訓練は効果がなく、子どもの教育は適切な成熟を待って行われるべきだと主張した。

**原始反射** 「反射」は動物が一定の刺激に対して起こす一定の運動であり、不随意（動かすつもりが無くても動いてしまう）運動である。特に、人間が出生直後からもっている反射を「原始反射」と呼び、進化の過程で、生命維持に必要な行動として備えられたものと考えられている。吸飲（吸啜）反射、モロー反射、把握反射、原始歩行などがよく知られている。正常な発達過程において原始反射はほぼ1年以内に消失する。

**広汎性発達障害（自閉症）** 人とのやりとりが少ない、コミュニケーション（ことば）の遅れ、限定的な興味やこだわりの3つの特徴をもつ障害の総称。代表的なものが自閉性障害で、知的機能やことばの遅れをもたないものもあり、アスペルガー障害ともいう。

**刻印づけ** 「刷り込み」あるいは「インプリンティング」とも呼ばれる。動物の生活史のある時期に、特定の行動がごく短時間で覚え込まれ、それが長時間持続する現象である。カモやガンなどの鳥類の雛が、生後間もない時期に最初に出会った対象を親鳥だと思いこみ、後を追うという行動から動物行動学者のコンラート・ローレンツによって指摘された。

**5領域** 幼稚園教育要領および保育園保育指針で示されている保育の内容のカテゴリーで、この5つの領域をその内容の中心にすえ、5つの領域が総合的に指導されることが示されている。領域は「健康」「人間関係」「言葉」「環境」「表現」の5つであり、この5つの領域は乳幼児の発達に必要不可欠であるとされている。

**三項関係**　第一項である〈私〉と第二項である者〈他者〉と第三項である〈もの・こと〉よりなる構造をもった関係。この関係は9～14ヵ月頃に成り立ち、それ以前の段階で形成された「私－他者」の二項関係（0～4ヵ月頃）と「私－もの・こと」の二項関係（5～9ヵ月頃）を結合して成立したものである。三項関係が成立すると、手渡し、受け取り、提示などを通して、〈私〉は〈他者〉との間で第三項（もの・こと）を共有するようになる。

**ジェンセン**（Jensen, A.R. 1923－　）アメリカの心理学者。発達の遺伝規定性をかなり高く考え、環境は閾値として働き、劣悪な環境条件は発達を阻害するが、逆に豊かな環境にしても、生得的に規定される素質以上に能力を増大させることはないと述べた。

**視覚的断崖**　ギブソン（Gibson, E.J.）らが考案した鉛直方向の奥行知覚の研究に用いられる装置。ガラス張りのテーブルの中央に板があり、その片方は市松模様がすぐ下に見えるが、もう片方は市松模様が数フィート下の方に見える。半分は奥行が深く見えるが、実際には表面にガラスが張ってあるため、落ちることなく移動できる。その中央に置かれた乳児の行動が分析される。

**自我同一性**→アイデンティティ

**自己効力感**　実際にその行動を生起することができると自信をもつこと。自分自身に対する有能感、信頼感のこと。

**自己実現**　自分の能力・可能性を発揮し、創造的な活動や自己の成長を図ること。

**自己中心性**　ピアジェは前操作期の子どもの認知的な特徴のひとつとして、自己中心性を指摘している。ピアジェのいう自己中心性とは、一般的に理解されるような利己主義という意味ではなく、幼児が自分自身を他者の視点に立ったりすることができないという、認知上の限界性を示す用語である。前操作期における自己中心性あるいは中心化といった認知の限界性を脱することを脱中心化という。

**指数**　子どもの発達を相対的にとらえる時に「発達指数」「知能指数」という使われ方をする。発達検査や知能検査においてそれぞれの実際の年齢（生活年齢）の子どもの平均値を100とした時の達成度をパーセントで表す。

発達指数＝発達年齢／生活年齢×100
発達指数や知能指数が全般的に80以上であればほぼ正常な発達状態ととらえられる。

**社会性**　周囲の人と親和的な相互交渉を行い、所属する社会に適応するための資質。乳幼児の社会性は、母子関係、仲間関係などの人間関係、コミュニケーション能力、挨拶などの生活習慣やルールの理解、道徳性などをさして用いられることが多い。

**シュテルン**（Stern, W. 1871-1938）ドイツの心理学者。「知能は環境に対する適応力である」と定義し、人の素質は多様性があり、環境または遺伝の単独では定まらないと主張した。これが、遺伝と環境の協働により発達は行われるとする輻輳説を提唱する。

**診断**　狭義には医師が患者を診察して、健康状態、病気の種類や症状などを判断すること。「発達的診断」という場合には、発達上の問題や障害の有無、考えられる原因等を判断すること。

**シンボル**　小石をあめ玉に見立てたり、長い鼻を腕で表現し象になるなど、対象をそのもののもつ一部の属性を取り出したり、共通の特徴をもつ別の物で表すとき、その表現形体を、表現されているもののシンボルと呼ぶ。事物、動作、音

声，図，などが用いられる。

**スキンシップ** 英語ではなく和製英語であり，肌と肌との触れ合い，また，それによる心の交流を表す。同様の行為の重要性が世界的に注目されており，英語での「タッチケア（touch care）」が近いニュアンスをもつ。

**ストレス耐性** 心身の負担になる刺激や出来事・状態により生じる緊張状態をストレスというが，原因を究明して具体的な行動を起こしたり，自分の感情を処理したりすることによってストレスを処理したり（ストレスマネージメント），制御したり（ストレスコントロール）して，不適応状態に陥らないことをいう。

**ストレンジシチュエーション法** エインズワースが考案した愛着行動を測定するための手続き。子どもにとって見知らぬ部屋の中で，子どもと養育者（母親または父親）に，見知らぬ女性が加わり，そこでの親子の分離・再会を組み込んだ8つの場面における子どもの行動分析から，養育者への愛着の型を分類する。

**精神機能** 認知機能と情動機能，すなわち物事を考え理解する機能と，さまざまな感情を感じる機能を合わせた脳のはたらき。

**選好注視法** ファンツの開発した図形の弁別や図形の好みを測定するための方法。被験者の眼前に2つの図形刺激を提示し，2つの図形を左右の提示位置をランダムに変えながら各刺激に対する注視時間や注視回数の差を測定する。

**相貌的知覚** ウェルナー（Werner, H.）が精神発達の未分化な幼児や未開人に典型的にみられる外界の事物や事象を認知する独特な知覚様式として唱えたものである。アニミズム心性の表れであり，外界の世界を，人と共通した表情・運動をもつものとしてとらえる知覚である。

「お花が笑っている」「山が怒っている」など事物の中に表情や容貌を認め，表現する。

**第一次反抗期** 1歳6ヵ月～2歳頃。自分は母親とは異なる存在であるという自己意識や「自分のもの」という所有意識が芽生えてくると，しだいに自分の意志や欲求を周囲の大人に強く主張するようになってくる。大人にとっては，これまで素直に言うことを聞いていた子どもが，徐々に反抗するようになってきたととらえられ，これを第一次反抗期と呼んでいる。

**ダウン症** 染色体異常の一種で知的発達の遅れを伴う。特有の顔貌と筋緊張の低下が見られ心臓や消化器系の奇形や白血病を合併することがある。

**注意欠陥多動性障害（ADHD: Attention-Deficit Hyperactivity Disorder）** 気が散りやすい，多動である，衝動的の3つの特徴をもつ。周囲を困らせる行動が多いため，「乱暴」「わがまま」と誤解されやすい。

**中枢神経系** ヒトにおいては脳と脊髄を指す。神経系の中で，全神経の統合・支配など中枢的役割を果たしている部分。末梢（まっしょう）神経の受けた刺激をとらえて音声・運動・反射などを指令する。

**低出生体重児** 世界保健機構（WHO）の定義では，出生体重が2,500グラム未満である赤ちゃんをさす。ちなみに，未熟児とは，体重が少ないのではなく，在胎期間が37週未満の赤ちゃんのことをいう。

**同一視** 対象となる人に特別な関心を向け，その行動を模倣し，その人と同じように考え，感じ，振る舞い，その人になりきろうとすること。幼児の性役割取得や社会的行動の獲得は，同性の親への同

一視からなされることが多いと考えられる。

**統合保育** 障害をもつ子どもと障害をもたない子どもが同じ場所で保育を受けること。特に，障害をもつ子どもが保育所や幼稚園で保育を受ける形態をさす場合もある。

**同調行動** 集団の中で，人は多数側の意見に左右され，その意見に反していても従ってしまうことがある。このような多勢の動向に従って同じような行動をとってしまうこと。この同調行動には，表面だけ同調する表面同調と，自分の意見も変えて同調する内面的同調の2種類がある。

**内的経験** 感覚や感情，思考，意志といった精神内部での経験。表情や態度から推察できるものとできないものがある。

**内的ワーキングモデル** 具体的な愛着行動を示していた子どもはやがて，それを心の中にイメージすることができるようになる。ボウルビィはこの自己と愛着対象との関係に関するイメージのことを，表象モデル，あるいは内的作業モデルと呼んだ。子どもの要求に敏感で応答的な養育者（多くの場合母親）とかかわりをもつことで，子どもは，自分は存在する価値がある人間であるという確信をもち，逆に，無視し，応答的でない養育者とのかかわりからは，自分は価値がないという確信をもつことになる。その後，これを基に基本的な対人関係の様式を作り出し，これを自分の行動を方向付けるためのモデルとして利用していくようになる。

**喃語** 生後1ヵ月を過ぎた頃から，新生児期の叫喚発声（泣き声）とは異なり，快適時などに意味を伴わない非叫喚発声をするようになる。これは徐々に量，種類が豊かになっていく。4から6ヵ月ごろから子音と母音の組み合わさった発声や音節の反復を盛んにするようになり，これを喃語と呼ぶ場合が多いが，初期の発声（クーイング）を含む考え方もある。

**ニート** イギリスで生まれたことばであるが，日本では，学校に行っておらず，失業中にもかかわらず仕事を探してもいない若年層（15歳から34歳まで）のことをいう。ニートと呼ばれる若者には，働く意欲がみられる者もあれば，会社などの組織の中で人間関係に不安をもつ者もあり，一くくりにはできない実態がある。

**二語文** 幼児の言語発達過程で，ほぼ1歳半頃に二語を連鎖させた発話をする時期がある。この発話を二語文あるいは二語発話とよぶ。二語文は，幼児が語連鎖によって初めて文法関係を表現したものとして，言語発達のなかで注目されている。たとえば，「ママ，とって」「ママ，行こう」「ワンワン，バイバイ」などの文形式（主語＋述語）で話せるようになる。

**ハーロウ**（Harlow, H. F. 1905-1981） アメリカ合衆国の心理学者。サルを用いての母子関係の研究や，学習の構えなど学習の基礎的，理論的研究を行なった。母子関係の研究では特に身体接触の重要性を指摘した。

**バーンアウト** 燃えつき症候群（burnout syndrome）。つらい仕事に起因するストレスのために心身のエネルギーが尽き果ててしまった状態。心的疲労感・空虚感・自己嫌悪・作業能力の低下などが主症状。アメリカの精神分析医H＝フロイデンバーガーによる造語。

**ハヴィガースト**（Havighurst, R. J. 1900-1991）アメリカの教育学者。人間の各発達段階には，それぞれの時期に達成すべき発達課題が存在するという考え方を提唱した。生物学的基準，文化的基準，心

理学的基準に基づいて，乳児期から老年期までの全発達段階の発達課題を設定した。

**8ヵ月不安**　生後6，7ヵ月ごろから，それまで誰に対しても愛嬌をふりまいていた乳児が，見慣れない人に対しては顔をそむけたり，母親にしがみついたり，泣き出したりするようになる反応。特定の見慣れた人を認知すること，特定の人への基本的信頼感，愛着が形成されるとあらわれる現象であると考えられる。いろいろな人との接触の多い子どもにはあまり強くあらわれない。スピッツ（Spitz, R.A.）はこれが8ヵ月前後に起こることから，8ヵ月不安と呼んだ。

**発達課題**　人間が健全で幸福な発達をとげるために，各発達段階で達成しておかなければならない課題。発達課題が達成できないと，その後の発達に問題を生じ，自我の形成や，社会的適応に困難を生じると考えられる。

**発達期**　誕生から，成人に達し心身の全般的な成長が止まるまでの期間をさす。ヒトにおいては一般的に18歳未満。

**発達段階**　人間の一生を，それぞれの時期の特徴によっていくつかの段階に分けてとらえたもの。「発達段階」という用語を「年齢段階」という意味で用いられていることがしばしば見受けられるので，注意する必要がある。何の発達を問題とするかによって，発達段階説は多種多様となる。運動発達，社会性の発達，認知発達，人格発達など，さまざまな発達段階が提唱されている。

**場面緘黙**　会話能力はあるにもかかわらず，何らかの心理的原因によって，幼稚園や学校などの特定の場面での言語による表現ができなくなる状態。「心因性緘黙症」「選択性緘黙」ともよばれている。

**パラサイト**　もともと「寄生」「居候」と
いった意味である。他者から搾取するだけで何も返さないという意味合いが強いため，これまでの親子関係で言われてきた"すねかじり"よりもネガティブな印象を与える。自立や依存をめぐる現代の親子関係を象徴的に表しているともいえる。

**ピアジェ**（Piaget, J. 1896-1980）　スイスの心理学者。心理学を意識の科学ではなく行動の科学ととらえ，生物学的な考え方を基礎に発生的認識論を発展させた。わが子の行動の発達を詳細に観察し，さまざまな実験を試み，発達を認知構造の変化としてとらえた。

**ファンツ**（Fantz, R.L.）　アメリカ合衆国の心理学者。ヒナが角形より，球形を好むこと，人の乳児は無地より複雑な図形（縞模様，同心円）を注視し，特に人の顔をいちばん注視することを見い出すなど，乳児や動物の視知覚に関する研究を行った。

**フリーター**　厚生労働省は，15歳から34歳までの，パートやアルバイトの人や，それを希望する若者で，家事や通学をしていない人をフリーターと呼んだ。フリーターは，仕事の内容は正規雇用者と変わらないが，収入は少なく，昇給もなく，雇用も不安定で不利な状況におかれていることが多い。

**フロイト**（Freud, S. 1856-1939）　オーストリアの神経学者。精神分析を創始した。フロイトには2つの大きな業績がある。1つは，失語症や小児の脳性麻痺の研究を行ったこと。2つ目は，精神分析を創始したことである。精神分析論では，自我の構造を明らかにする中で，発達論，防衛機制，コンプレックス論など，現代のカウンセリングの基礎となる多くの理論や技法を提唱した。

**ブロンフェンブレンナー**（Bronfenbrenner, U. 1917-  ) ロシア生まれの米国の心理学者。子供の社会化、親子関係と人格発達の問題を歴史的・文化的・文脈的において研究している。これらを統合して、生態学的発達研究アプローチを提唱し、子どもを取り巻く生態環境と社会的ネットワークの重要性を指摘した。

**保育所保育指針** 厚生労働省が定める、保育所における保育の内容に関する事項及びこれに関連する運営に関する事項を定めるもの、すなわち、保育課程の編成や保育内容基準となるものである。1965年、厚生省（現厚生労働省）により保育所保育のガイドラインとして制定された。当初は、局長通知という形で出されていたが、2008年改訂より、厚生労働大臣告示として定められ、より、規範性の強い、拘束力をもつものとなった。子どもの健康や安全の確保、発達の保障等の観点から、各保育所が行うべき保育の内容等に関する共通の枠組みを定め、保育所において一定の保育の水準を保つことができるように配慮されている。

**ボウルビィ**（Bowlby, J. 1907-990）イギリスの児童精神医学者。生後の早い時期に母親との間に安定した親子関係が確立できると、その後の人間関係も良好になると考え、母性的養育の重要性を唱えた。生後3年間での母性的養育の喪失が後の精神的不健康の要因であるという仮説を母性剥奪と名づけた。

**補償** 原義は与えた損失を補って、つぐなうこと。発達における補償とは、何らかの要因で正常な発達が困難な時に、教育や訓練、代替手段の獲得、外部からの支援によって、不利を補うこと。

**ホスピタリズム** 施設という環境で育てられた子どもに、身体や精神の発達の遅れや、病気に対する抵抗力が弱いなどの障害が多く見られたところから名づけられた。設備などの物理的環境面が改善されてからは、特に早期の母親からの分離による愛情の剥奪、保育者の母性的養育や保育者との情緒的交流の欠如が原因で生じる施設児の知的、情緒的発達の遅滞、障害をさすようになった。

**未熟児** 出産予定日より3週間以上早く生まれた「早産児」や、早産ではないが出生体重が2,500g以下で生まれた「低出生体重児」を、体の機能が未熟な赤ちゃんとして一般的には「未熟児」と呼んでいる。

**モラトリアム** 就職や結婚など、人生における重要事項の決定を先のばしにすること。身体面では大人であっても、心理的、社会的には大人でない状態である青年期の特徴を示すことば。

**指さし** 対象を手や指でさし示すことであり、1歳前後に有意味語が出現する以前に、指さしによるコミュニケーションが成立している場合が多い。指がさし示すものを理解し、そちらに視線を向けるという行為は、共同注意や三項関係の成立にも深くかかわっている。人間に固有な行動といわれ、ことばの発達の指標としてとらえられている。

**養護** 乳幼児を対象として、その生存と成長を補償するために、適切な保護と世話を行うことをいう。子どもの生理的欲求を満たし、衛生的で安全な環境を与え、生理的欲求を受容し、健全な愛着関係を形成することなどが含まれる。

**幼児語・幼児音** 「幼児語」とは、乳幼児期の会話に用いられることば。幼児が自発的に話すこともあるが、周囲の人間が幼児語で語りかけることによって学習されることもある。発声器官が未発達な幼児でも発音しやすいことば（マンマ《食事》）や、擬音を用たり、同じ音を連続

させて単純化したことば（ワンワン《犬》，ブーブー《自動車》）等が用いられる。一方「幼児音」は，未熟構音と呼ばれるもので，「わたち（わたし）」「〜でちゅ（です）」のように，言いにくい音の別の音への置換がみられるものである。

**幼稚園教育要領**　学校教育法に基づき文部科学省が示している幼稚園における教育課程の編成や指導計画の作成あたっての基準のことである。1947年，文部省（現文部科学省）により「保育要領―幼児教育の手引き―」として示された幼稚園教育のガイドラインの方向性を引き継ぎ，1956年に「幼稚園教育要領」として告示された。2008年の改訂では，学校教育法で示される幼稚園教育の目的を実現するために，幼児期の特性をふまえ，環境を通して行うものであることが基本方針とされている。

**欲求階層理論**　アメリカの心理学者であるマズローによる理論。人間はもともと，自ら進んで成長したいという欲求をもっており，最終的には健康な人間の理想である自己実現の欲求へと進むとし，その段階を低次から高次まで5つの欲求を積み上げて示し，階層的欲求理論と名づけた。

**ライフサイクル**　生涯過程。人生を，いくつかの節目によって区切られる複数の段階の連なりとするとらえ方。

**リアリティショック**　新卒の専門職者が，数年間の専門教育・訓練を受け，実習も含めて卒業後の現場での実践活動への準備をしてきているにもかかわらず，実際に現場で仕事を始めるようになって，予期せぬ苦痛や不快さを伴う現実（リアリティ）に遭って，身体的・心理的・社会的にさまざまなショック症状を表す現象をいう。

**レディネス**　ある学習が成立するのに必要な心身の条件が準備されている状態。

**ワトソン**（Watoson, J.B 1878-1958）　アメリカの心理学者。行動主義心理学を提唱。人間の行動の発達は環境のみによって影響されるという極端な環境重視説を主張した。

## ■引用・参考文献■

### 第1章

バーク，L.E.・ウインスラー，A.　田島信元・田島啓子・玉置哲淳（編訳）2001　ヴィゴツキーの新・幼児教育法　北大路書房

ブロンフェンブレンナー，U.　磯貝義郎・福富護（訳）1996　人間発達の生態学（エコロジー）：発達心理学への挑戦　川島書店

エドワード・ゴールドソン（編）　山川孔（訳）　2005　未熟児をはぐくむディベロプメンタルケア　医学書院

エリクソン，E.H.　仁科弥生（訳）　1977　幼児期と社会Ⅰ　みすず書房

エリクソン，E.H.・エリクソン，J.M.　村瀬孝雄・近藤邦夫（訳）　1989　ライフサイクル　その完結　みすず書房

後藤宗理（編）　1998　子どもに学ぶ発達心理学　樹村房

繁多進（編）　1999　乳幼児発達心理学　福村出版

今井和子・柴崎正行（編著）　1995　保育者研修シリーズ①　子ども理解のポイント　フレーベル館

コンラート・ローレンツ　丘直通・日高敏隆（訳）　1997　動物行動学（下）　筑摩書房

Lorenz, K.　1943　Die angeborenen Formen moglicher Erfahrung. Z. *Tierpsychologie*, 5.

ミネルヴァ書房編集部（編）　2008　保育所保育指針　幼稚園教育要領　ミネルヴァ書房

森上史朗（編）　1993　新・保育入門　別冊発達14　ミネルヴァ書房

森上史朗（編）　1998　幼児教育への招待―いま子どもと保育が面白い―　ミネルヴァ書房

森上史朗（編）　2001　新・保育講座①　保育原理　ミネルヴァ書房

森上史朗・増田まゆみ・鯨岡　峻・相馬靖明・小林紀子・高杉　展・渡辺英則・安藤節子・三谷大紀・高嶋景子・倉掛秀人　2008　教育要領・保育指針の改訂と保育の実践　発達113　ミネルヴァ書房

村井潤一（編）　1986　発達の理論をきずく　別冊発達4　ミネルヴァ書房

明神もと子　2003　はじめて学ぶヴィゴツキー心理学　新読書社

ピアジェ，J.　谷村覚・浜田寿美男（訳）　1978　知能の誕生　ミネルヴァ書房

関口はつ江・太田光洋（編著）　2003　実践への保育学　同文書院

柴田義松　2006　ヴィゴツキー入門　子どもの未来社

### 第2章

雨森良彦　2000　初めての妊娠と出産　成美堂出版

ひよこくらぶ　2006年3月号　2006　ベネッセコーポレーション　pp.205-216.

小西行郎　2003　赤ちゃんと脳科学　集英社新書

楠智一(編)　2001　新版最新小児保健　日本小児医事出版社
松田君彦・大坪治彦・島田俊秀　1988　新生児の心身発達に関する研究（Ⅲ）—呼びかけに行動に対する新生児の反応　日本心理学会第52回大会発表論文集
マリー・ホール・エッツ　坪井郁美(訳)　2003　赤ちゃんのはなし　福音館書店
日本遺伝カウンセリング学会ほか　2003　遺伝学的検査に関するガイドライン
大日向雅美　1999　子育てと出会うとき　NHK出版
下條信輔　1988　まなざしの誕生—赤ちゃん学革命—　新曜社
坂元正一ほか　2003　赤ちゃん　そのしあわせのために　母子健康手帳副読本　第40年度版　財団法人母子衛生研究会
海野信也・渡辺博　2003　母子保健学　診断と治療社

## 第3章

Bower, T. G. R.　1977　*A Primer of Infant Development.*　W. H. Freeman & Company.　岡本夏木他(共訳)　1980　乳児期—可能性を生きる　ミネルヴァ書房
Bowlby, J.　1969　*Attachment and Love.*　The Hogarth Press.　黒田実郎他(訳)　1976　母子関係の理論①愛着行動　岩崎学術出版社
Bowlby, J.　1988　*A Secure Base: Clinical Applications of Attachment Theory.*　Basic Books.　二木武(監訳)　1993　母と子のアタッチメント—心の安全基地　医歯薬出版
Campos, J., Langer, A., & Krowitz, A.　1970　Cardiac responses on the visual cliff in prelocomotor infants. *Science*, 170, 196-197.
ギブソン, E. J.　小林芳郎(訳)　1984　知覚の発達心理学Ⅱ　田研出版
萩原英敏・野田雅子　1989　乳幼児のきこえ—生後3年の発達　信山社出版
Harlow, H. F.　1958　The Nature of Love. *American Psychologist*, 13, 673-685.
井原成男　1996　ぬいぐるみの心理学　日本小児医事出版
数井みゆき・遠藤利彦(編)　2005　アタッチメント—生涯にわたる絆—ミネルヴァ書房
マイケル・ルイス　高橋恵子(訳)　2007　愛着からソーシャルワークへ：発達心理学の新展開　新曜社
Maurer, D. & Maurer, C.　1988　*The World of The Newborn.*　Basic Books.　吉田利子(訳)　1992　赤ちゃんには世界がどう見えるか　草思社
南山堂　1978　医学大辞典
NHK放送文化研究所　2006　"子どもに良い放送"プロジェクト　フォローアップ調査中間報告
ピアジェ, J.・イネルデ, B.　波多野完治他(訳)　1969　新しい児童心理学　白水社
Rovee-Collier, C., Sullivan, M. W., Enright, M., Lucas, D., & Fagen, J. W.　1980　Reactivation of infant memory. *Science*, 208, 1159-1161.
Rovee-Collier, C., & Gerhardstein, P.　1997　The development of infant memory. N. Cowan (Ed.) *The development of memory in childhood.* Psychology press. pp. 5-39.

サリバン, A. M. 槇恭子(訳) 1973 ヘレン・ケラーはどう教育されたか―サリバン先生の記録― 明治図書
志村洋子 1989 赤ちゃん語がわかりますか―マザリーズ育児のすすめ― 丸善メイツ
高野陽他 1997 乳幼児の検診と保健指導 医歯薬出版
上田礼子 日本語版著 1980 デンバー式発達スクリーニング検査 医歯薬出版
Winnicott, D. W. 1971 *Playing and Reality*. Tavistock Publications LTD, London. 橋本雅雄(訳) 1979 遊ぶことと現実 岩崎学術出版社
やまだようこ 1982 ことばの前のことば 新曜社
山口創 2004 子供の「脳」は肌にある 光文社

### 第4章

浅見千鶴子・稲毛教子・野毛雅子 1986 乳幼児の発達心理 大日本図書
馬場謙一他(編) 1984 母親の深層―日本人の深層分析 有斐閣
堂野恵子・加知ひろ子・中川伸子(編著) 1989 保育のための個性化と社会化の発達心理学 北大路書房
Eysenck, H. J. MPI研究会(訳) 1964 犯罪とパーソナリティ 誠信書房
藤永保・高野清純 1975 乳幼児心理学講座 パーソナリティーの発達 日本文化科学社
フロイト, A. 黒丸正四郎・中野良平(訳) 1982 児童期の正常と異常 岩崎学術出版
後藤宗理(編著) 1995 子どもに学ぶ発達心理学 樹村房
繁多進(編著) 1999 乳幼児発達心理学 福村出版
改訂・保育士養成講座編纂委員会(編) 2005 改訂・保育士養成講座第3巻 発達心理学 全国社会福祉協議会
稲毛教子 1986 乳幼児の発達心理 大日本図書
シーゲル, I. E.・コッキング, R. R. 子安増生(訳) 認知の発達・乳幼児から青年期まで サイエンス社
ジャーシルド, A.T. 大場幸夫他(訳) 1972 ジャーシルドの児童心理学 家政教育社
柏木恵子 1992 自己意識と自己制御機能の発達 柏木恵子(編) パーソナリティの発達(新・児童心理学講座10) 金子書房
川井尚 2003 食べることと母子関係 母子保健情報, 48, 29-31.
川端啓之・杉野鉄吾・後藤晶子・余部千津子・萱村俊哉 1995 ライフサイクルからみた発達心理学 ナカニシヤ出版
北郁子 1987 子供の心とからだの発育と食事 現在と保育, 19, 6-35
Kohlberg, L. 1969 Stage and Sequence: The cognitive-developmental approach to socialization. In D. A. Goslin (Ed.) *Handbook of socialization theory and research*. Chicago: Rand-Mcnally.

小芝　隆　1974　フレーベルの幼児教育思想　富山女子短期大学紀要, 7, 25-53.
Macoby, E. E. & Martin, J.　1983　Socialization in the context of the family: Parent-child interaction. In P. H. Mussen (Series Ed.) & E. M. Hetherington (vol. Ed.), *Handbook of child psychology: Vol.4. Socialization, personality, and social development.* 4th ed. New York: Wiley. pp. 1-101
マーラー, M. S. 他　高橋雅士他(訳)　1981　乳幼児の心理的誕生　母子共生と固体化　黎明書房
無藤隆・岡本祐子・大坪治彦(編著)　2004　よくわかる発達心理学　ミネルヴァ書房
無藤隆・高橋恵子・田島信元(編)　1990　東京大学出版会
村井潤一・小山正・神士陽子　1999　発達心理学　現代社会と子どもの発達を考える　培風館
根岸宏邦　2000　子どもの食事(中公新書1559)　中央公論新社
野口節子　2003　遊びの心の心理学的意味　医学出版社
岡本依子・菅野幸恵・塚田―城みちる　2004　エピソードで学ぶ乳幼児の発達心理学　新曜社
シーグラー, R. S.　無藤隆・日笠摩子(訳)　1992　子どもの思考　誠信書房
ロジェ・カイヨワ　多田道太郎(訳)　1990　遊びと人間　講談社
橘川真彦　2004　児童と青年の発達心理学　隋想社
高橋丈司　1992　共感性発達理論―ホフマン　道徳性心理学　日本道徳性心理学研究会
高橋道子・藤崎眞知代・仲真紀子・野田幸江　1993　子どもの発達心理学　新曜社
高野陽　2003　小児科医の考える離乳の条件　母子保健情報, 48, 11-14.
田中昌人　1979　学校・家庭・社会教育の総合的展開と保健所の役割　現代と保育, 4, 40.
時実利彦　1970　人間であること　岩波新書
ウィニコット, D. W.　橋本雅雄(訳)　1998　遊ぶことと現実　共伸舎
内田伸子・臼井博・藤崎春代　1991　ベーシック現代心理学2　乳幼児の心理学　有斐閣
渡辺久子　教育と医学の会編　2002　食と心の原点としての授乳体験　心の発達をはぐくむ1　乳幼児期　慶応義塾大学出版会
山城雄一郎　2003　母と子の離乳食　母子保健情報, 48, 2-4.
山本利和(編)　1999　現代心理学シリーズ7　発達心理学　培風館
山内光哉(編)　1998　発達心理学上　第二版　周産・新生児・乳児・児童期　ナカニシヤ出版
やまだようこ　1987　ことばの前のことば　新曜社

**第5章**

Elis, S., Rogoff, B., & Cromer, C. C.　1981　Age segregation in children's social interactions. *Developmental Psychology*, 17, 399–407.

日野多賀美　2008　「気になる子の実態調査」から見える今後の課題（2）　日本保育学会代61回大会発表論文集　p.477.

本郷一夫・澤江幸則・鈴木智子・小泉嘉子・飯島典子　2003　保育所における「気になる」子どもの行動特等と保育者の対応に関する調査研究　発達障害研究, 25（1）, pp.50–61.

伊藤輝子・山内照道・岩崎洋子・細川かおり　1997　幼稚園・保育園・小学校の教育連携の実態と課題　保育学研究, pp.356-363.

石井哲夫・町井和江（編）　保育所保育指針全文の読み方　社会福祉法人全国社会福祉協議会

文部省　幼稚園教育要領解説　フレーベル館

野呂正　1983　幼児心理学　朝倉書店

谷村覚・浜田寿美男（訳）　1978　知能の誕生　ミネルヴァ書房

高濱裕子　1997　保育者の保育経験のいかし方―指導の難しい幼児への対応　保育学研究, 304–313.

遠山啓・銀林浩・滝沢武久（訳）　1992　量の発達心理学　国土社

ピアジェ, J.　1957　大伴茂（訳）　児童道徳判断の発達　同文書院

ペダーセン, F.A.（編）　依田明（監訳）　1986　父子関係の心理学　新曜社

内田伸子　1986　ごっこからファンタジーへ　新曜社

## 第6章

Dweck, C.　1975　The role of expectations and attributions in the alleviation of learned helplessness. *Journal of Personality and Social Psychology*, 31, 674–685.

学習障害及びこれに類似する学習上の困難を有する児童生徒の指導方法に関する調査研究協力者会議　1999　学習障害児に対する指導について（報告）

文部科学省生涯学習政策局生涯学習推進課・厚生労働省雇用均等・児童家庭局育成環境課　2007　放課後子どもプラン全国地方自治体担当者会議資料

文部科学省初等中等教育局児童生徒課　2006　生徒指導上の諸問題の現状について

文部科学省スポーツ・青少年局生涯スポーツ課　2005　平成17年度体力・運動能力調査報告書

Montemayor, R. & Eisen, M.　1977　The development of self-conceptions from childhood to adolescence. *Developmental Psychology*, 13, 314–319.

Moreno, J.　1978　*Who shall survice? : Foundations of sociometry, group psychotherapy, and sociodrama*. 3th ed. N. Y.: Beacon House.

Piaget, J.　1949　*La psychologie de l'intelligence*. 2e éd. Paris: Librairie Arman Colin.　波多野完治・滝沢武久（訳）　1989　知能の心理学　第2版　みすず書房

田中熊次郎　1975　新訂児童集団心理学　明治図書

Weiner, B. 1979 A theory of motivation for some classroom experiences. *Journal of Educational Psychology,* 71, 3-25.

### 第7章

秋田喜代美(編著) 2000 教師のさまざまな役割―ともに学び合う教師と子ども チャイルド本社

Blos, P. 1985 *Son and Father: Beyond the Oedipus Complex.* Macmillan. 児玉憲典(訳) 1990 息子と父親―エディプス・コンプレックス論を超えて―青年期臨床の精神分析理論 誠信書房

藤本忠明・栗田喜勝・瀬島美保子・橋本尚子・東 正訓 1993 ワークショップ心理学 ナカニシヤ出版

神田信彦 1998 第1章 わたしの発達と変化 金子尚弘・神田信彦・倉澤寿之 最後まで読める心理学 ブレーン出版

金子俊子 1989 青年期女子の親子・友人関係における心理的距離の研究 青年心理学研究 3, 10-19.

加藤 厚 1997 2章 青年期の発達 海保博之・柏崎秀子・加藤 厚・渡部玲二郎・正保春彦・金沢吉展 事例とクイズでわかる教育の心理学 福村出版

小島貴子・東海左由留 2004 子供を就職させる本 メディアファクトリー

Havighurst, R. J. 1972 *Developmental Task and Education.* 3$^{rd}$ ed. NEW York : David Mackay.

平山 諭・早坂方志(編著) 2003 発達心理学の基礎と臨床 第3巻 発達の臨床からみた心の教育相談 ミネルヴァ書房

保坂亨・岡村達也 1986 キャンパス・エンカウンター・グループの発達的・治療的意義の検討 心理臨床学研究, 4, 15-26.

宮下一博・渡部朝子 1992 青年期における自我同一性と友人関係 千葉大学教育学部紀要, 40, 107-111.

村田孝次 1989 生涯発達心理学の課題 培風館

無藤清子 1979 「自我同一性地位面接」の検討と大学生の自我同一性 教育心理学研究, 27, 178-187.

無藤隆・岡本祐子・大坪治彦(編) 2004 やわらかアカデミズム・〈わかる〉シリーズ よくわかる発達心理学 ミネルヴァ書房

中里至正・松井洋 2004 自己理解のための青年心理学 八千代出版

NHK世論調査本部(編) 1984 中学生・高校生の意識 日本放送出版協会

落合良行・佐藤有耕 1996 青年期における友だちとのつきあい方の発達的変化 教育心理学研究 44, 55-65.

桜井茂男 1991 教育学部の学生が大学で学ぶ動機・理由と社会的不適応の関係 奈良教育大学教育研究所紀要, 27, 123-130.

斉藤誠一　1996　青年期の人間関係　培風館
白井利明　1992　Ⅴ青年期　41．職業選択　子安増生(編)　キーワードコレクション　発達心理学　新曜社　pp.176-179．
Super, D. E.　1953　A theory of vocational development. *American Psychologist*, 8, 185-190.
総務庁　青少年対策本部(編)　1986　現代青年の生活と価値観　大蔵省印刷局
田中秀明　2002　保育者養成校における学生の学習理由と保育者志向性および学校適応感ならびに保育職に関する効力感との関係　共栄学園短期大学研究紀要，18, 167-177．
東京都生活文化局(編)　1985　大都市青少年の人間関係に関する調査―対人関係の希薄化の問題との関連から見た分析―　同局発行

## 第8章

マズロー，A.H.　小口忠彦(訳)　1991人間性の心理学　産能大学出版部
馬場房子　1996　働く女性の心理学　白桃書房
土井健郎(監修)　2000　燃えつき症候群　金剛出版
円より子　2005　子どもとキャリア　どちらもほしい　ミネルヴァ書房
兼坂頼介　2002　妻の妊娠中夫が考えていること　情報センター出版局
柏木惠子(編)　1995　女性の発達　(現代のエスプリ331)　至文堂
香山リカ　2004　就職がこわい　講談社
香山リカ　2005　結婚がこわい　講談社
井上志津　2004　仕事もしたいし赤ちゃんもほしい　草思社
小杉礼子(編)　2005　フリーターとニート　勁草書房
松岡悦子　2007　産む・産まない・産めない―女性のからだと生き方読本　(講談社現代新書1876)　講談社
宗方比佐子・渡辺直登(編著)　2007　キャリア発達の心理学　川島書店
大日向雅美　2007　子どもを愛せなくなる母親の心がわかる本　講談社
岡堂哲雄　2006　家族というストレス　新曜社
岡本祐子(編著)　1999　女性の生涯発達とアイデンティティ―個としての発達・かかわりの中での成熟―　北大路書房
岡本祐子・松下美智子　1999　女性のためのライフサイクル心理学　福村出版
蘭香代子　2000　母親モラトリアムの時代―21世紀の女性におくるCo―セルフの世界　北大路書房
白井利明(編)　2005　迷走する若者のアイデンティティ―フリーター，パラサイトシングル，ニート，ひきこもり―　ゆまに書房
高濱裕子　2001　保育者としての成長プロセス　風間書房
高畑克子　2004　女性が癒すフェミニスト・セラピー　誠信書房
高石恭子(編)　2007　育てることの困難　人文書院

玉井邦夫　2001　〈子どもの虐待〉を考える　講談社現代新書　1567　講談社
玉谷直美　1990　女性の心の成熟　創元社
瓜生武　2004　家族関係学入門　ケースで学んだ家族のライフコース
東洋・柏木惠子(編)　1999　社会と家族の心理学　ミネルヴァ書房
トライワークス(編著)　2000　仕事と家庭と子育てと，私　働きつづける困難を乗り越えた女性の胸のうち　本の泉社
氏家達夫　1996　親になるプロセス　金子書房
氏家達夫　1999　親になること，親であること　東洋(編)　社会と家族の心理学　ミネルヴァ書房　pp.137-162.
山内隆久(編)　1995　心のネットワークを求めて　ナカニシヤ出版

### 第9章
前川喜平・三宅和夫(編)　障害児・病児のための発達理解と発達援助　別冊・発達22　ミネルヴァ書房　pp.49-60.
藤崎春代・木原久美　2005　統合保育を支援する研修型コンサルテーション　教育心理学研究，53，133-145.
本郷一夫・長崎勤(編)　2006　特別支援教育における臨床発達心理学的アプローチ援助　別冊発達28　ミネルヴァ書房
石井正子　1999　さまざまな発達障害　繁多進(編)　乳幼児発達心理学　福村出版　pp.141-156.
大場幸夫・柴崎正行(編)　2001　障害児保育　ミネルヴァ書房
ローナ・ウィング　久保紘章・佐々木正美・清水康夫(監訳)　1998　自閉症スペクトル　東京書籍
杉山登志朗・原仁　2003　特別支援教育のための精神・神経医学　学習研究社
杉山登志朗・辻井正次(編)　1999　高機能広汎性発達障害—アスペルガー症候群と高機能自閉症—　ブレーン出版
辻井正次・宮原資英(編)　1999　子どもの不器用さ—その影響と発達的援助—　ブレーン出版
柚木馥・白崎研司　1988　精神遅滞　平山宗宏ほか(編)　現代子ども大百科　中央法規出版

## ■さくいん■

▶あ行

アイコンタクト　177
愛着　54
愛着行動のパターン　58
アイデンティティ　133
預かり保育　164
アスペルガー症候群
　　　　178
アセスメント　171
遊び　71
後追い　57
アニミズム　70, 91
安全基地　57
アンダー・アチーバー
　　　　110
安定化　139

生きる力　124
移行対象　59
いじめ　115, 117, 140
異性への関心　140
一語文　68
遺伝　10
遺伝優位説　7
イメージ　74
意欲　11
インフォーマルな集団
　　　　114
インプリンティング　54

ヴィゴツキー（Vigotsky, L. S.）　18
ウィニコット（Winnicott, D. W.）　59, 71

受け身型　178

ADHD　102
エクソシステム　20
遠受容器　49
エインズワース
　　（Ainsworth, M. D. S.）
　　　　57
遠城寺式乳幼児発達検査表
　　　　174
エントレインメント　34

奥行知覚　49
落ち着きのない子　101
親としての発達　162
親の養育態度　78

▶か行

外発的動機づけ　120
抱え込み　138
過拡張　69
可逆性　90
核家族　160
学業不振　110
学習障害（LD）　110, 179
学童保育　124
仮説や論理　109
過疎化　127
家族親和感　137
家族の個人化　160
可塑性　171
学級崩壊　117
学校教育法　21, 22
過渡期の喃語　62

感覚運動期（感覚運動的段階，感覚・運動的知能の段階）　17, 49
環境　10, 23
環境閾値説　8
環境優位説　7

気質　39
規準喃語　62
吃音　184
気になる子　100
基本的生活習慣　91
ギャング・エイジ　114
ギャング・グループ
　　　　139
吸啜反射　49
教育基本法　21
仰臥位　31
驚愕運動　29
協同遊び　96
共同注意　67
均衡化　15

クーイング　62
具体的操作期（具体的操作段階）　17, 108
首がすわる　53

経験　3, 10
経験優位説　7
形式的操作期（形式的操作段階）　17, 108, 130
軽度発達障害　178
過限定　69

ゲゼル(Gesell, A.)　7
結果論的判断　93
原因帰属　121
言語の獲得　66
原始反射　5, 34

構音障害　184
高機能広汎性発達障害
　　　　　　　178
向上志向　146
広汎性発達障害　177
個人差　6
子育て支援　164
こだわり　177
孤独感　132
ことばの遅れ　183
ことばの障害　183
ことばの発達　66
子ども観　6
孤立型　178
5領域　23
コンピュータ・リテラシー
　　　　　　　123

▶さ行
サポート校　117
三項関係　67
3歳児神話　164

シェマ　15, 49
ジェンセン(Jensen, A. R.)　9
視覚障害　182
視覚的断崖　49
自我同一性地位　134
思考　15
自己効力感　186

自己実現　11, 153
自己主張　83
自己信頼感　120
自己中心的思考　90
自己統制　82, 83
自己認識　118
思春期　130
次世代育成支援　165
肢体不自由　180
しつけ　79
質問期　88
児童虐待　164
自発性　92
自閉症　177
ジャーシルド(Jersild, A. T.)　75
社会性　14
社会的スキル　115
社会的スキルの学習
　　　　　　　139
集団所属への欲求　97
就眠様式　60
シュテルン(Stern, W.)
　　　　　　　8
生涯　12
生涯学習　111
少子化　163
少子化対策　164
少子高齢化　111
象徴機能　88
情緒的関係　11
常同行動　177
職業志向　146
職業選択　154
職業的自己概念　142
初語　68
自律　79

自立　79
自律的道徳段階　93
視力　46
人格形成　78
人格の発達　12
信号行動　56
心身の障害　170
新生児黄疸　32
新生児期　31
身体の障害　180
親密性 対 孤立　152
心理・社会的危機　14
心理的な離乳　135

スクールカウンセラー
　　　　　　　116
ストレス耐性　157
ストレッサー　157
ストレンジシチュエーション法　57

成熟　10
成熟優位説　7
精神機能　170
精神発達遅滞　175
生態学的アプローチ　19
性的衝動　141
青年期　130
生理的微笑　34
積極・奇異型　178
接近行動　56
前概念的思考段階　88
前言語的コミュニケーション　60
選好注視法　46
前成人期　152
前操作期(前操作的思考段

さくいん　*209*

階）　17, 88
選択性緘黙　102

早期産児　33
総合的な学習の時間
　　　111
相互交渉　39
相互作用説　9
操作　16
相乗的相互作用モデル
　　　98
相貌的知覚　70, 91
ソシオメトリック・テスト
　　　112
育ち　5

▶た行
第一次循環反応　50
第一次反抗期　75
胎芽　28
退行現象　5
第三次循環反応　51
胎児　28
胎動　29
第二次循環反応　50
第二次性徴　130
第二次反抗期　135
脱衛星化の過程　136
達成感　23
達成動機　121
他律的段階　93

知識　3
チック　103
知的障害　175
知的発達　14
チャム・グループ　139

注意欠陥多動症候群（ADHD）　179
中枢神経系　102, 170
聴覚障害　181
調節　15, 50
聴力レベル　182
直観的思考段階　88, 90

つかまり立ち　53
つわり　28

定位行動　56
低出生体重児　41

同一視　92
ドゥエック（Dweck, C.）
　　　122
同化　15, 49
動機論的判断　93
統合保育　185
道徳性　93
トゥレット症候群　104
トマスとチェス（Thomas, A. & Chess, S.）　40

▶な行
内的経験　11
内的ワーキングモデル
　　　57
内発的動機づけ　120
仲間関係　112, 131
仲間集団　114
仲間はずれ　140
泣き　60
ナルシシズム傾向　132
喃語　60
難聴　181

ニート　138, 155
二語文　68
乳児の記憶　51
乳幼児突然死症候群　42
妊娠初期　28
認知　15
認知構造　15
脳性まひ　180

▶は行
把握反射　49, 53
パーテン（Parten, M. D.）
　　　95
ハーロウ（Harlow, H. F.）
　　　54
バーンアウト　158, 186
排泄の自立　82
ハヴィガースト
　（Havighurst, R. J.）
　　　131
発達　4
発達課題　14, 131
発達過程　21
発達期　4, 171
発達検査　173, 176
発達指数　176
発達障害　101, 170
発達障害者支援法　170
発達診断　171, 173
発達段階　14, 21
発達の最近接領域　18
場面緘黙　178
パラサイト　156
パラサイト・シングル
　　　138
腹ばい　53

ハンドリガード　54

ピア・グループ　139
ピアジェ（Piaget, J.）
　　　　　　　15, 90
引きこもり　138
人見知り（8ヵ月不安）
　　　　　　　57
ひとり遊び　95

ファンツ（Fantz, R. L.）
　　　　　　　46
不安の共鳴現象　103
フォーマルな集団　114
輻輳説　8
不登校　116
フリースクール　117
フリーター　154
ふり返り　4
フレーベル（Fröbel, F. W. A.）　72
プロフィール　175
ブロンフェンブレンナー
　（Bronfenbrenner, U.）
　　　　　　　19
分離不安　103

平行遊び　96
ヘッツァー（Hetzer, H.）
　　　　　　　77
ベビー図式　2

保育カウンセラー　175
保育観　6
保育実践　22
保育者としての発達段階
　　　　　　　148

保育所保育指針　20
放課後児童クラブ　125
傍観　96
ボウルビィ（Bowlby, J.）
　　　　　　　55
ポジティブゲイン　186
補償　171
ホスピタリズム　56
保存　90

▶ま行

マイクロシステム　19
マクロシステム　20
マザリーズ　63
マズロー（Maslow, A. H.）
　　　　　　96, 152
マッコービィ（Macoby, E. E.）　78

未熟児　11

メゾシステム　20
目と手の協応　50

燃え尽き症候群　157
モデル機能　139
物の永続性　50
模倣　62
モラトリアム　135
モレノ（Moreno, J. L.）
　　　　　　　112

▶や行

友人選択の要因　113
有能感　122
指さし　60
指さし行動　68

指しゃぶり　104

幼児語　68
幼稚園　22
幼稚園教育要領　20
欲求階層理論　152

▶ら行・わ行

ライフコース　161
ライフサイクル　13, 152
ラム（Lamb, M. E.）　93
乱暴な子　100

リーチング　54

ルイス（Lewis, M.）　57

劣等感　132
レディネス　7
恋愛　140
恋愛感情　141
連合遊び　96

ローレンツ（Lorenz, K.）
　　　　　　　2, 54
ロジェ・カイヨワ（Roger Caillois）　71

ワトソン（Watson, J. B.）
　　　　　　　7

［編著者］

石井　正子　昭和女子大学

［共著者］（五十音順）

赤津　純子　埼玉学園大学
白坂　香弥　昭和女子大学
高橋　晴子　東洋英和女学院大学
田中　秀明　清泉女学院短期大学
増田　梨花　立命館大学
森木　朋佳　鹿児島純心女子短期大学
吉村真理子　千葉敬愛短期大学

発達心理学　保育者をめざす人へ

2009年3月25日　初版発行
2016年2月24日　第6刷

検印廃止

編著者Ⓒ　石井　正子
発行者　　大塚　栄一

発行所　株式会社 樹村房　JUSONBO

〒112-0002　東京都文京区小石川5丁目11番7号
電　話　東　京　(03) 3868-7321
Ｆ Ａ Ｘ　東　京　(03) 6801-5202
http://www.jusonbo.co.jp/
振替口座　　00190-3-93169

ISBN978-4-88367-186-1

印刷・亜細亜印刷／製本・愛千製本所
乱丁・落丁本はお取り替えいたします。